Land und Leute
Texte und Bilder aus dem sächsisch-thüringischen Kulturraum
Herausgeber: Christoph Schwabe

Band 8

1. Auflage
Land und Leute • Texte und Bilder aus dem sächs.-thür. Kulturraum
Band 8 • Ettersberg durch das Jahr
ISBN 3-933358-67-1

Das Buch kann außer über den Buchhandel in der
Druckerei Emil Wüst & Söhne Weida,
Burgstraße 10, 07570 Weida, Tel.: 03 66 03 / 55 30 · Fax: 03 66 03 / 55 35
und der Akademie für angewandte Musiktherapie Crossen,
Fachklinik Klosterwald, Bahnhofstraße 33, 07639 Bad Klosterlausnitz,
Tel./Fax: 03 66 01 / 859-77, e-mail: mth.Crossen@gmx.de
bestellt werden.

ETTERSBERG
durch das Jahr

in Texten
von Christoph Schwabe
und Bildern
von Rahel Klassen
und Christoph Schwabe

Druckerei Emil Wüst & Söhne
Weida

Der Berg
War
Zerklüftet und stürmisch und kahl
Wohl schon immer

Das Liebliche
Aber
Das
Zeigt uns die Ferne

Denn
Weit reicht der Blick
Und
Das Auge kann
Schwimmen

Gefächert
In Schwüngen
Und Wellen
Die Hügel
Und Flächen
Bis
Irgend wann
Löst sich
Das Land
Auf
In Himmeln

11. Juni 2003

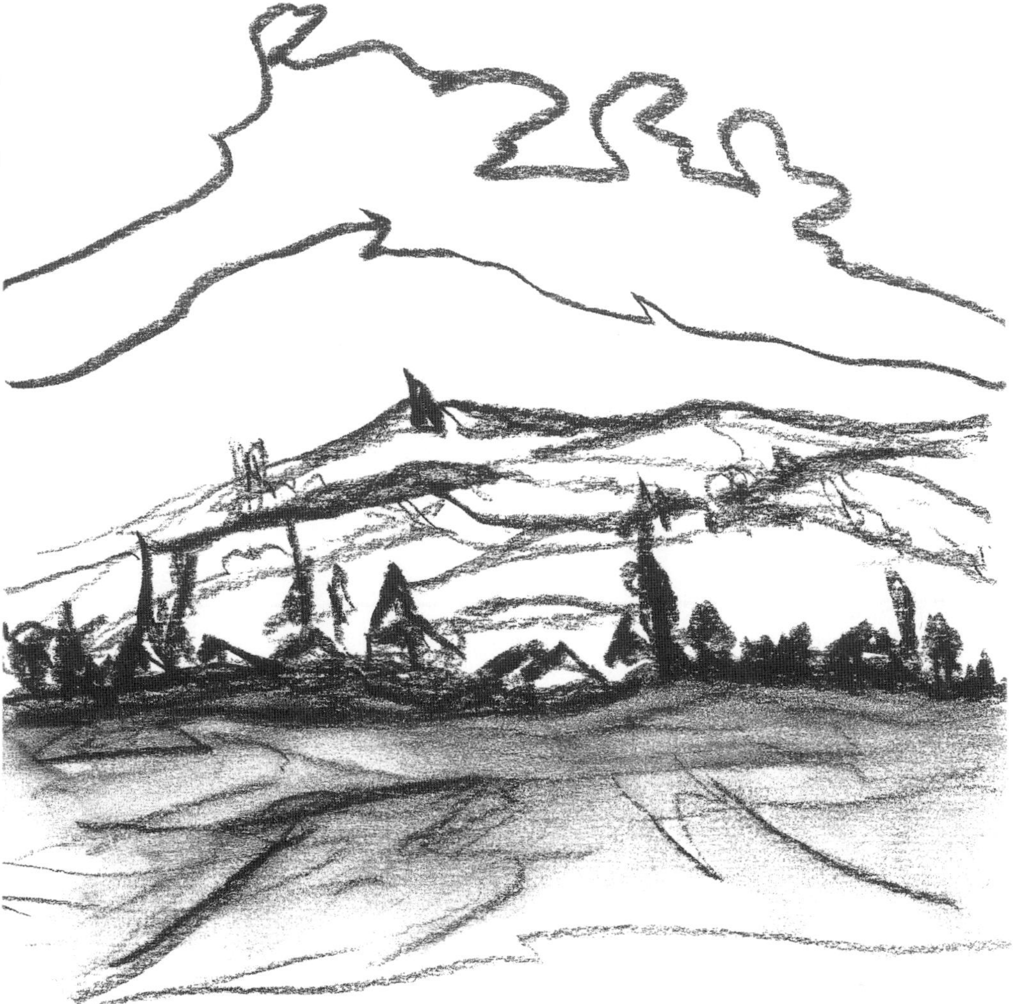

Junilicht

Das schwimmende Licht
Am Horizont:
Gemisch
Von
Himmelblau
Reseda
Und
Orange

Ein
Später Kuckuck
Tönt
Mit seiner Terz
Im
Wettduett
Mit Nachtigallen

Im See
Ein Hecht
Im Sprung
Vor Lust
Vor Jagdinstinkt
Im Salto
Durch die Luft

Am Horizont
Der Berg
So friedvoll
Grün
Rundmütterlich

So leuchtet's
Klingt's
Und
Schwingt es
Satt und schwebend
Nur
Im Junilicht

12. Juni 2003

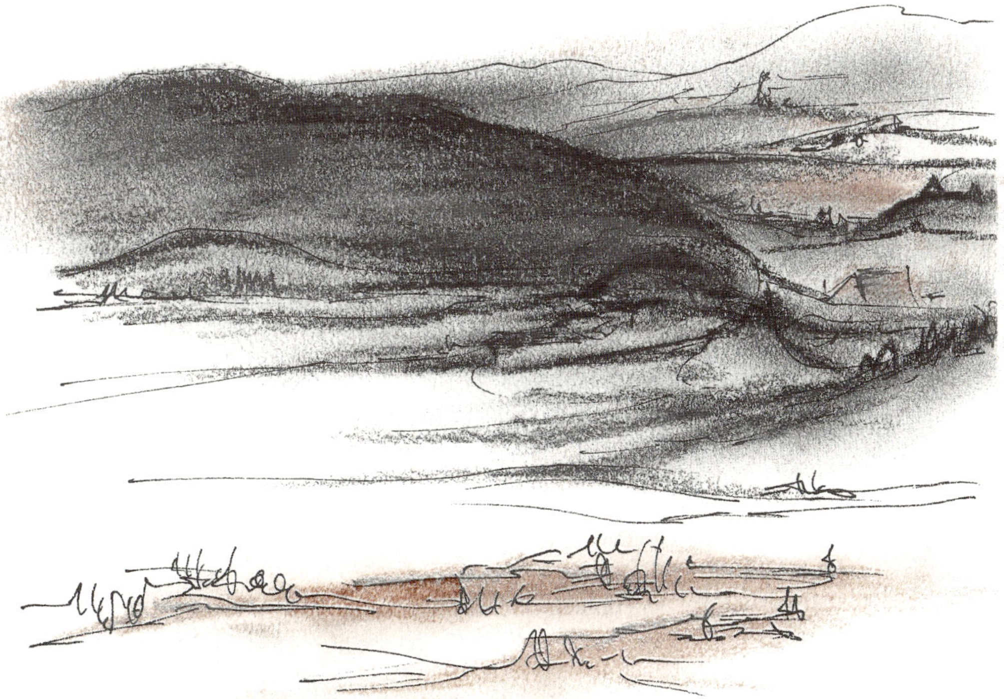

Weite
Enge
Und
Kahlheit
Die drei Merkmale
Des Berges

So
Ist er
Im Nahen

Gerundet
Sanfthügelig
Und
Einbezogen

So
Ist er
Von Ferne

Wie man ihn sieht
So ist er
Empfinden
(auch)
Die
Wegseher

12. Juni 2003

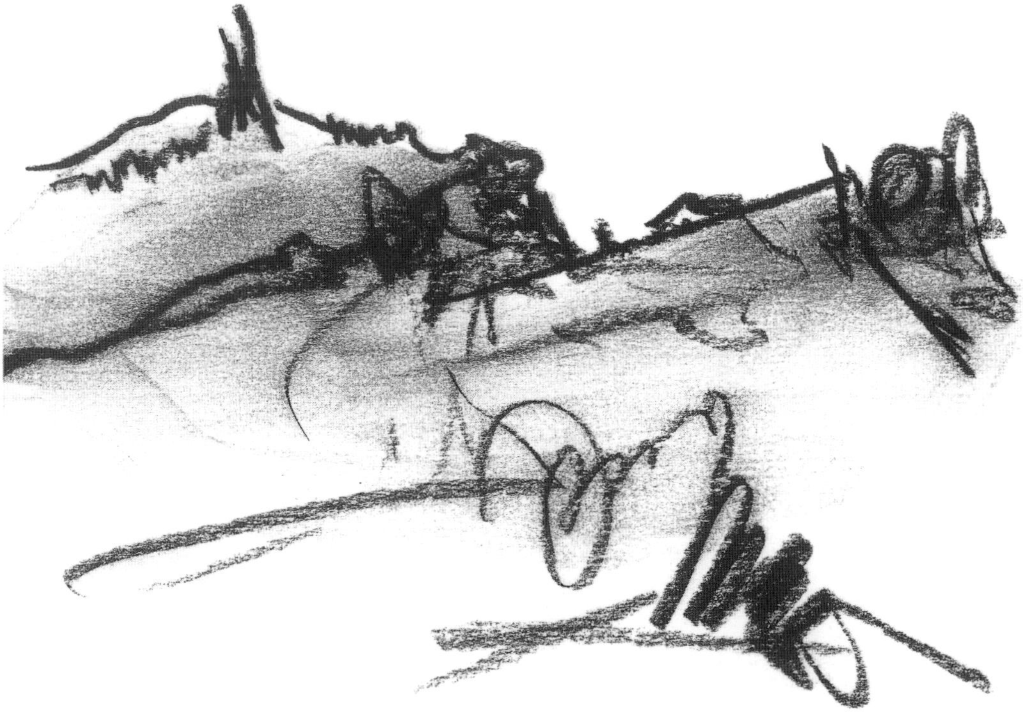

Gesperrte Wege
Hat
Der Berg
Wie kaum
Ein
Anderes Land

Das macht
Neugierig
Und
Furchtsam
Zugleich

Der Wissende
Weiß
Was
Das
Bedeutet

Und
Das
Macht
Nicht
Froh

12. Juni 2003

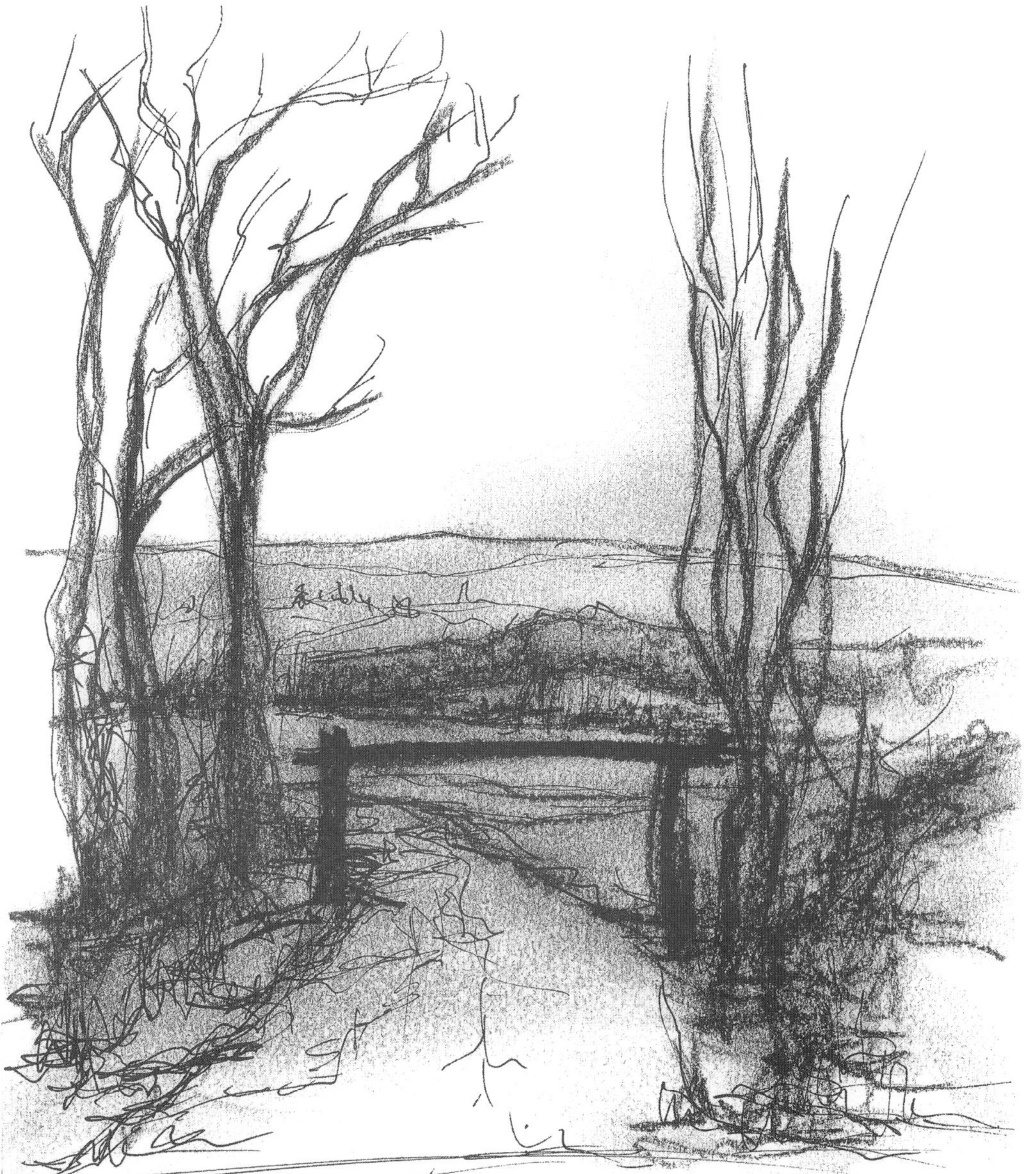

Gleich einem
Mütterlichen
Warmen
Busen
Liegt er da
Der Berg
Und
Wiegt sich
Sanft
Am Horizont
Vertrauen schaffend
Neugier machend
Nähe fordernd

Soll
Das Geheimnis
Bleiben
Das
Den Berg
Umhüllt
Wenn er
Dort
Liegt
Im Nebel
Oder auch im
Abendlicht

Die Narben
Die Geschichte
Schlug
Verwundungen
Im Übermaß
Die
Darf
Kein Auge
Übersehen

So
Fordert
Es
Der Busen
Ettersberg

13. Juni 2003

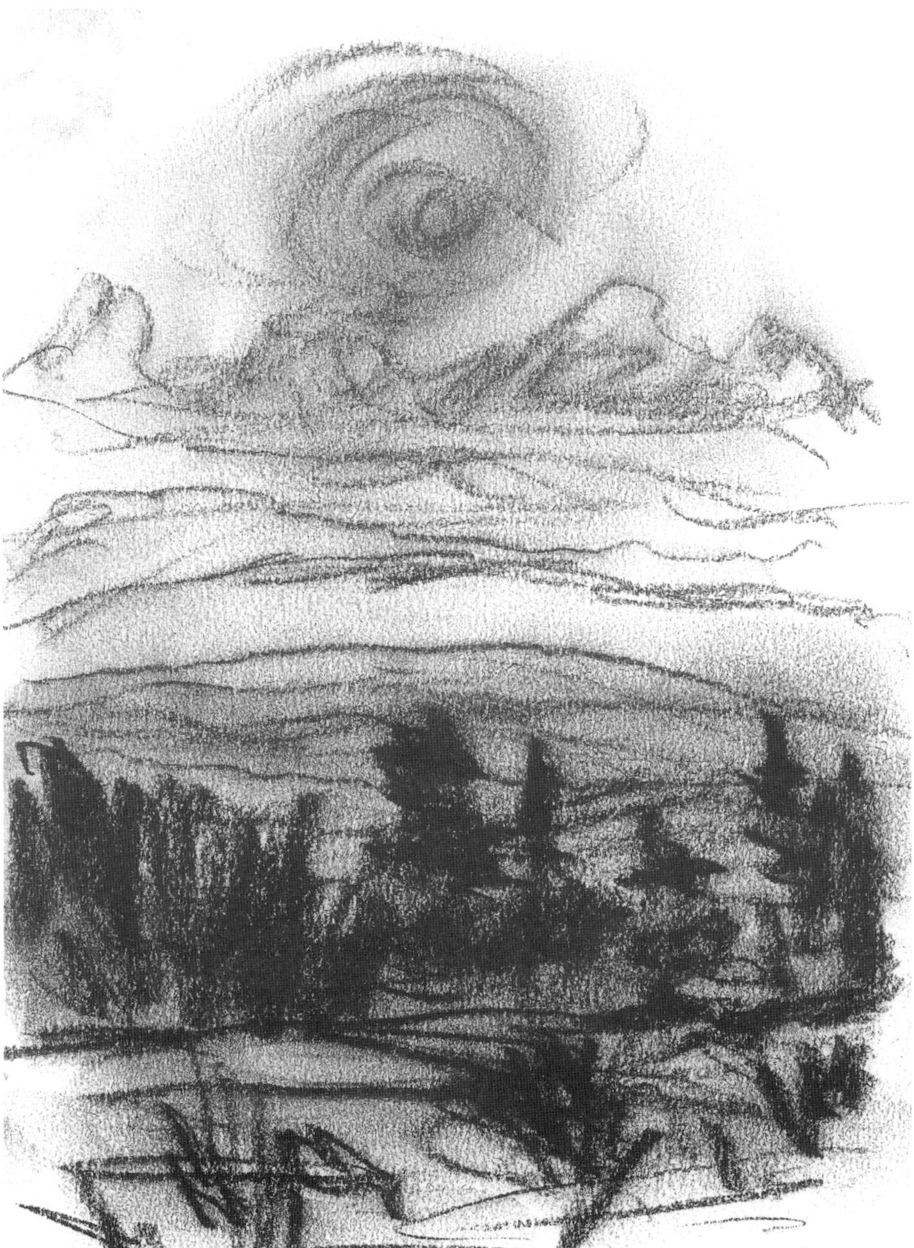

Lieblich
Die Dörfer
Von fern
Und in Nähe
Die
Eingepflanzt scheinen
Rund um den Berg

Versehen
Mit
Kirchen
Und
Glocken
Auf
Türmen ...

Wie
Klangen
Die Glocken
Im
Lager
Der
Armen
Die
Sonntags auch
Litten

Sommers
Wie
Winter

13. Juni 2003

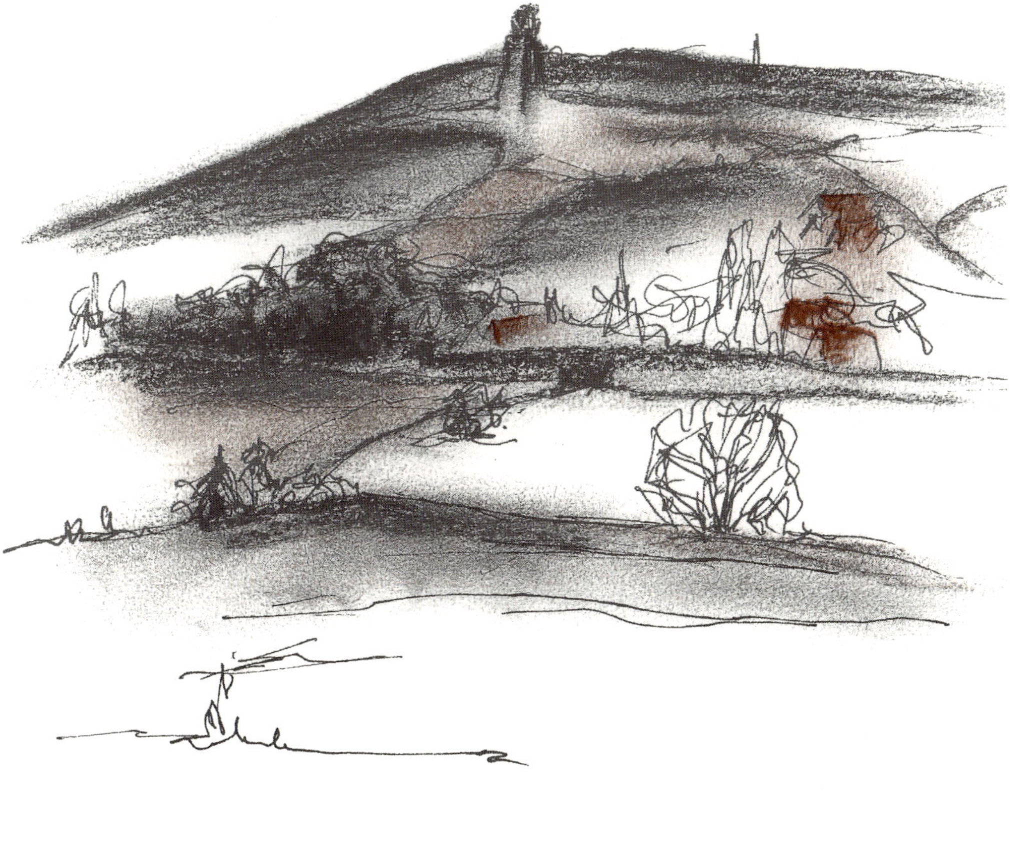

**Warum war der Berg
So geeignet
Für grausame Taten
Man sagte:
Die Steine
Das Holz
Sie sind es:
Geeignet
Zum Bau
Von
Lager und Krematorium**

**Wird
Muschekalkstein
Der Überrest
Des Urmeeres
Zum Argument
Für
Menschliche Untat**

**Kein
Ettersburg
Keine
Dichterstadt
Konnte sie bremsen
Am Bau
Der Folterstätte
Am Missbrauch
Der
Überkommenen Natur**

15. Juni 2003

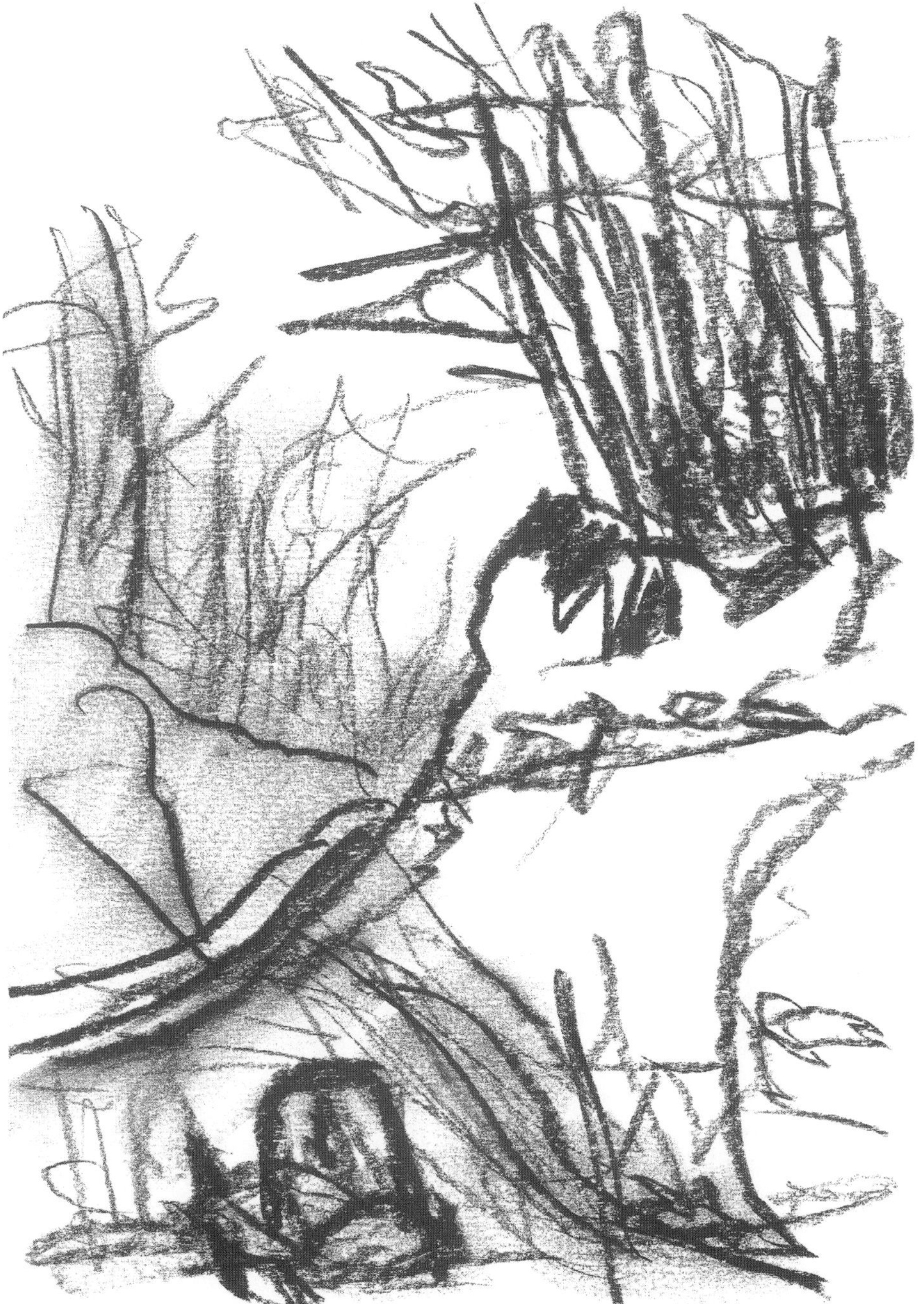

Der Berg
Voller
Wunden und Narben und Schande
Ist
Nicht
Nur
Buchenwald

Der Berg
Voller
Wunder
Geschichten
Geschichte
Ist
Auch
Ettersburg

Der Berg
Voller
Geister und Weite und Nähe
Ist
Unser
Und
Heute
Und
Morgen

Wenn schwer auch
Verstehbar
Was da war
Was jetzt ist

Wunden und Wunder
Die Nahrung
Des Da-Seins

19. Juni 2003

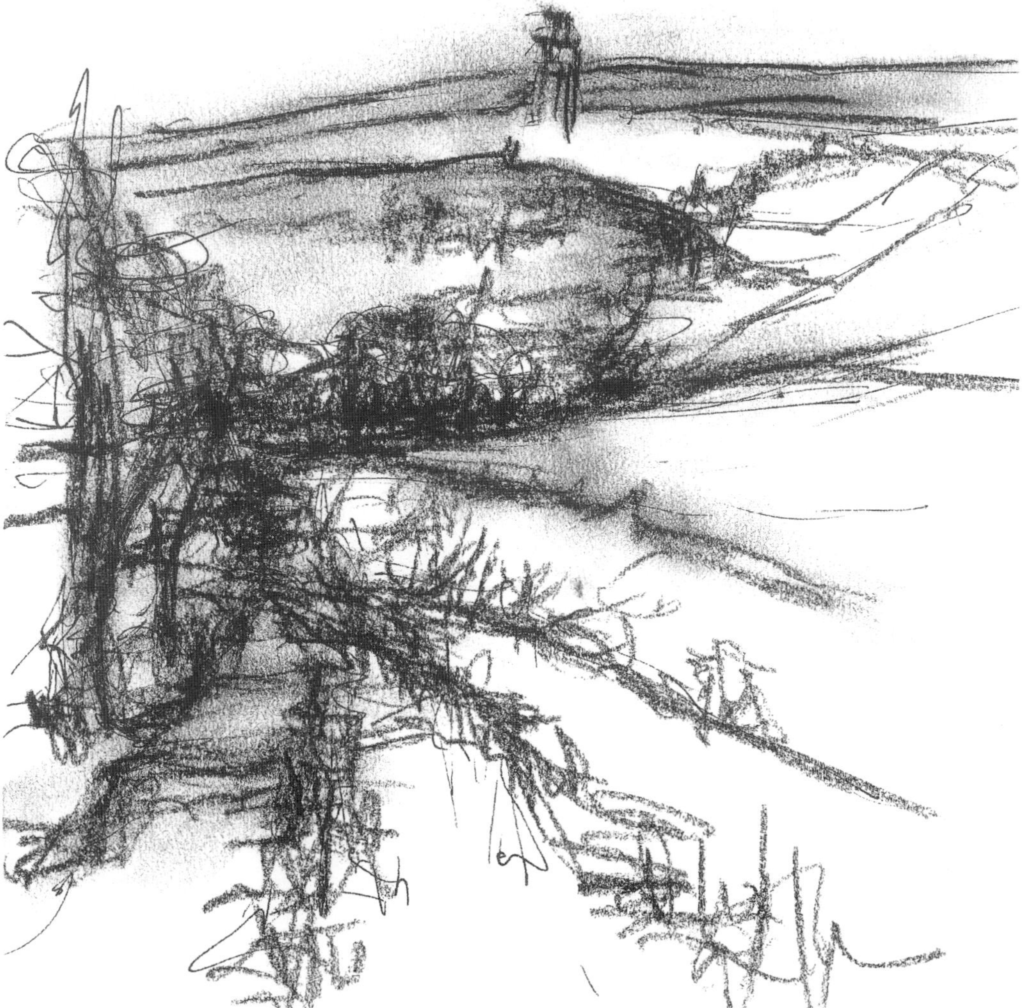

Sanft
Fächeln die Winde
Das Gras und die Blumen
Die Luft
Schwirrt
Und
Streichelt
Das Land
Das Gemüt

Urzeitenlang
War
So
Der Sommer
Am Hügel

Heilig
Verehrt
Von
Den Vätern
Der Väter

Wo
Können wir
Knüpfen
Den heiligen Faden
Den
Uns
Die Natur
Endlos
Spendet
Auch heut

Vernimm
Es
Und
Schmeck
Es
Was spenden
Die Winde
Im Spiel
Mit
Dem Gras
Und
Den Blumen
Am
Hang

19. Juni 2003

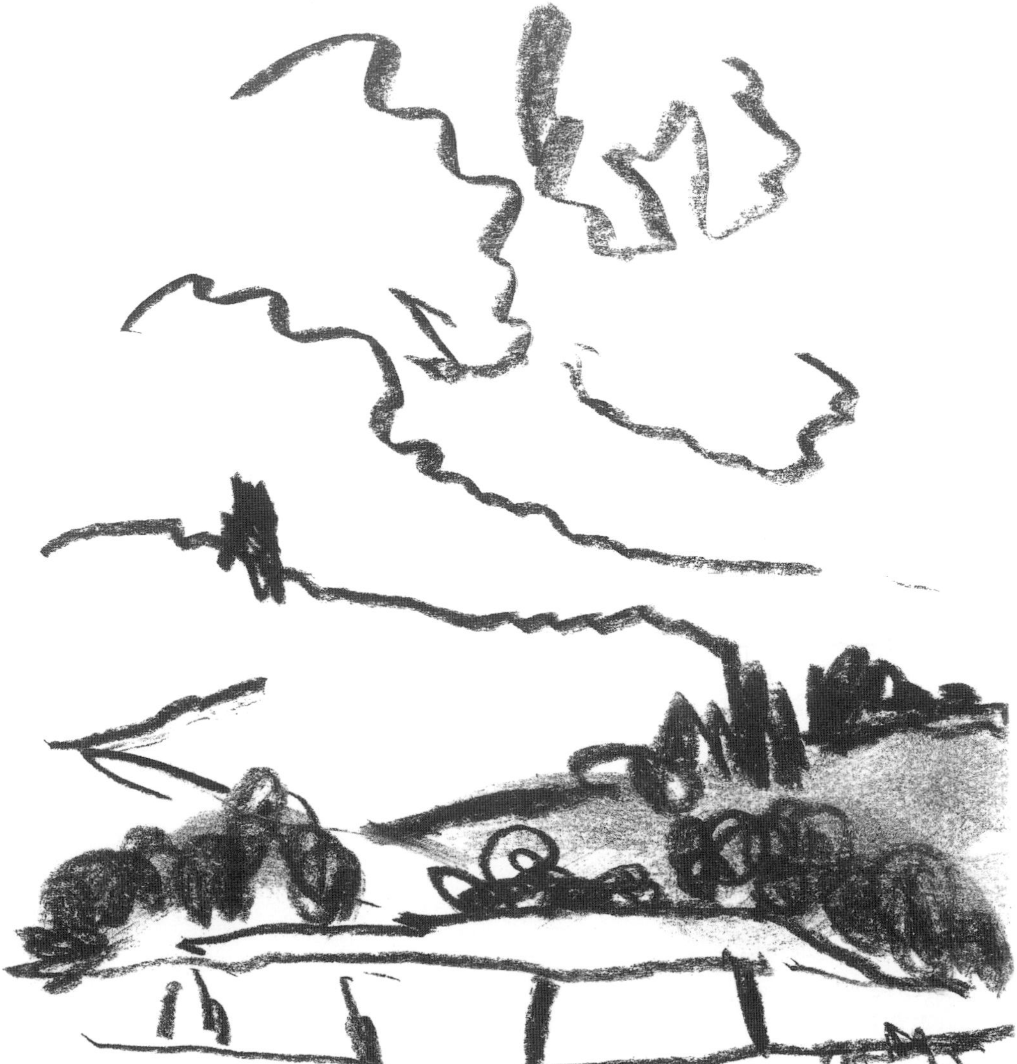

**Thymian
Männertreu
Und
Kleiner Klee
Sind
Wie
Tupfer
Im Wiesenteppich
Am Hang**

**Unwirklich
Die Flora
Der Muschelkalkwiesen
Im Umfeld
Der Weimarer Schwarzerde**

**Erinnernd
An Hiddensee
Oder
Toskana
Das Fernweh
Fördernd
Um Mittsommer**

20. Juni 2003

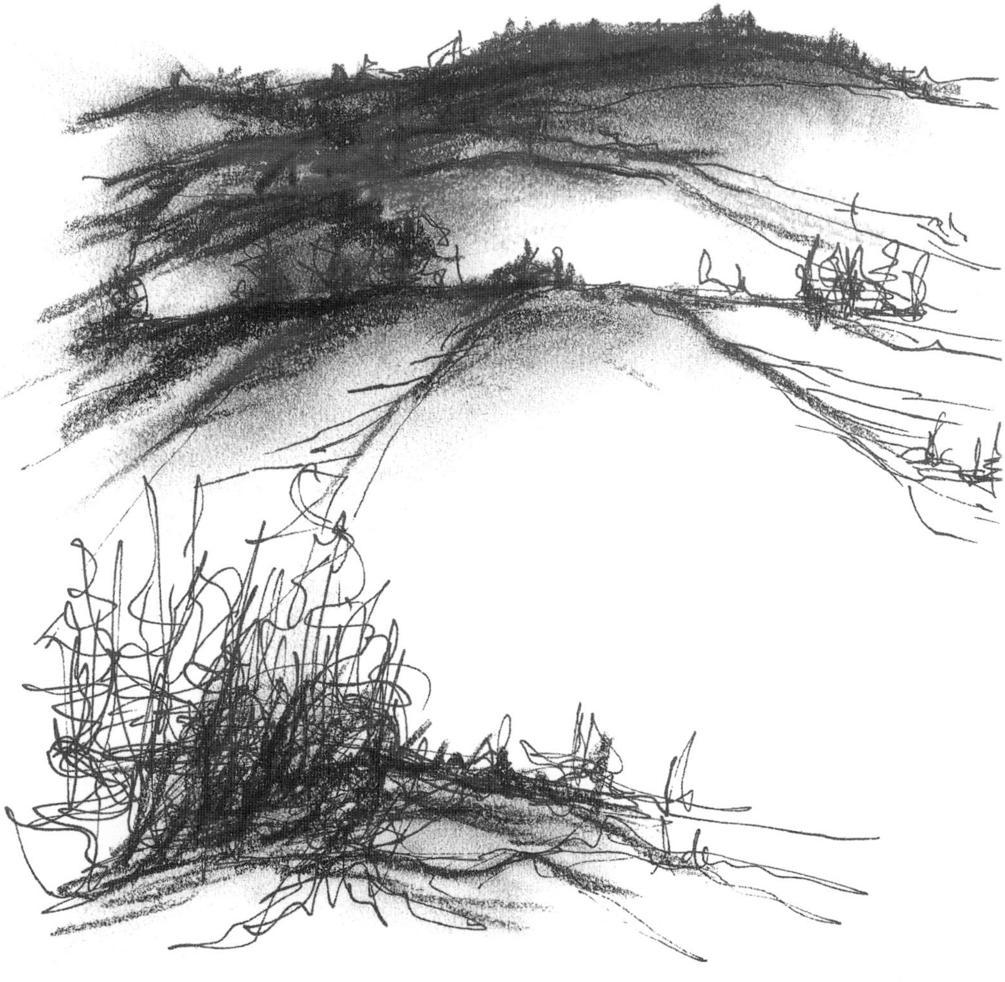

**Immer
Und
Immer wieder
Führt mich
Erinnern
Zur Hangwiese
Dem Teppich
An Kurzgras
Und
Blumengetupf**

**Dort
Stand er
Der Große
Erinnernd
Und
Grübelnd
Zu
Eckermann
Gewandt**

**Und sah
Im Vergangnen
Die Walfische
Schwimmen
Wo
Heute
Die grünende
Ebene
Sich
Trifft
Mit
Dem Dunsthorizont**

20. Juni 2003

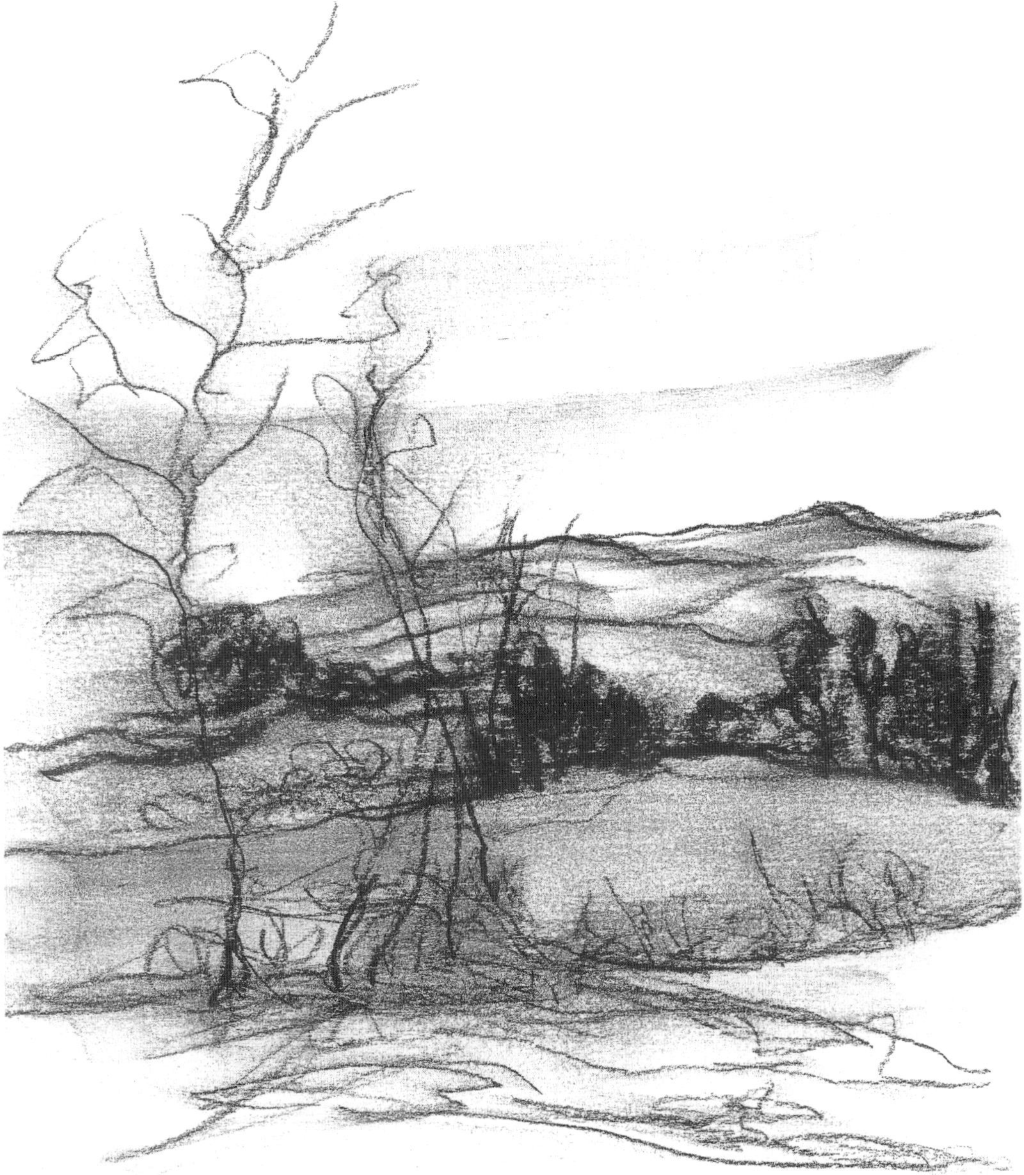

**Der Mensch
Hat
Jahrtausende
Das Bauen
Gemieden
Den Berg
Nur
Betreten**

Warum nur?

**Bis
Kamen
Diejenigen
Welche
Zum
Quälen und Morden
Den Berg
Bebauten**

Warum nur?

20. Juni 2003

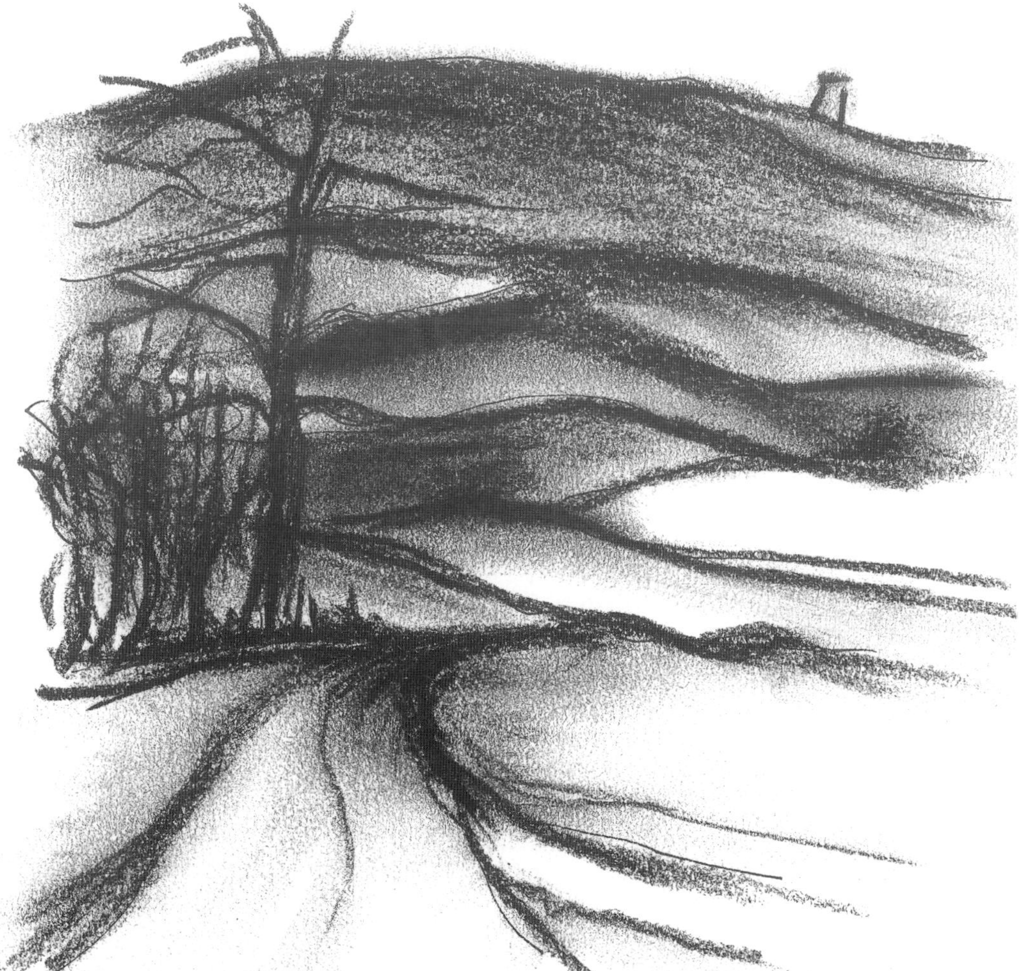

**Die Heckenrosen
Vom
Ettersberg
Duften besonders
Und
Stacheln besonders
Auch**

**Ist das die Natur
Oder
Ist's
Die Geschichte
Die meine Sinne
Prägt**

**Oder
Beides?**

20. Juni 2003

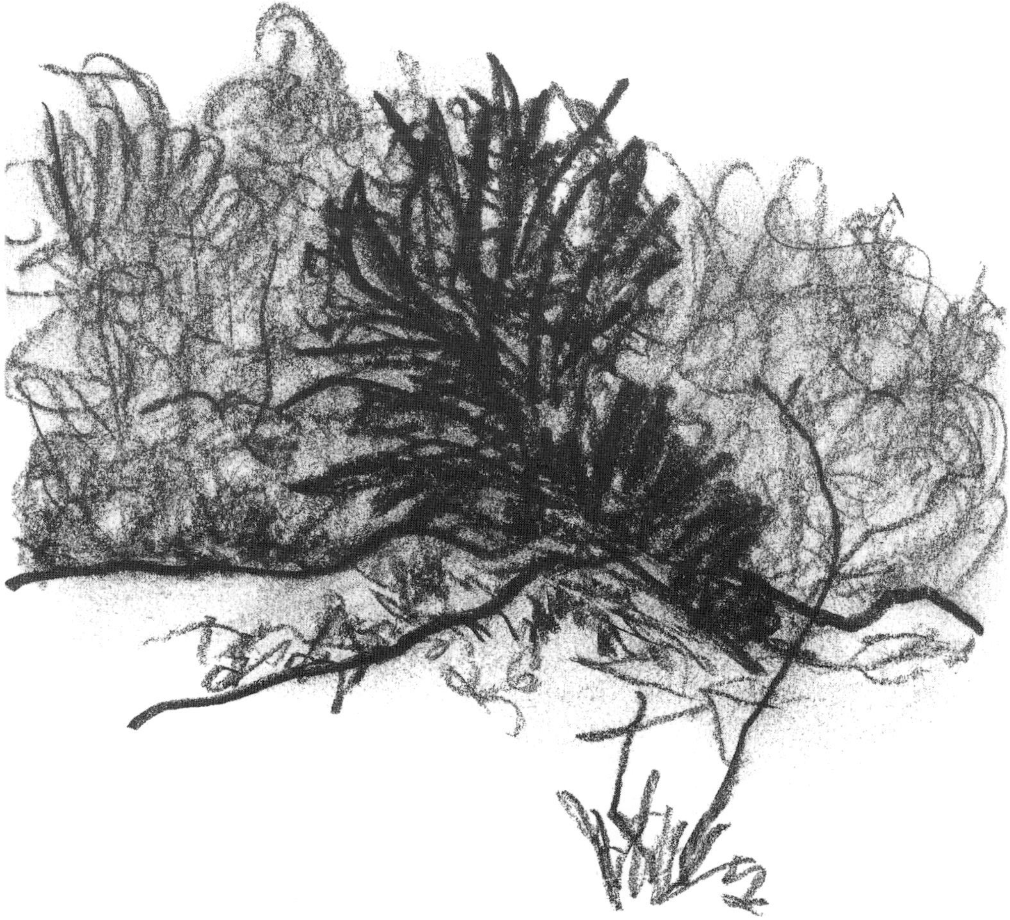

Die Hottelstedter Ecke
Die Muscheln im Steine
Und
Ammonshörner nicht minder
Die Walfische im Grunde
Und
Möwen am Berge

So
Reflektierte der Große
Mit
Eckermann
Dem Schreiber
Nach
Mühvoller Bergfahrt
Auf dem Wege
Nach
Ettersburg

20. Juni 2003

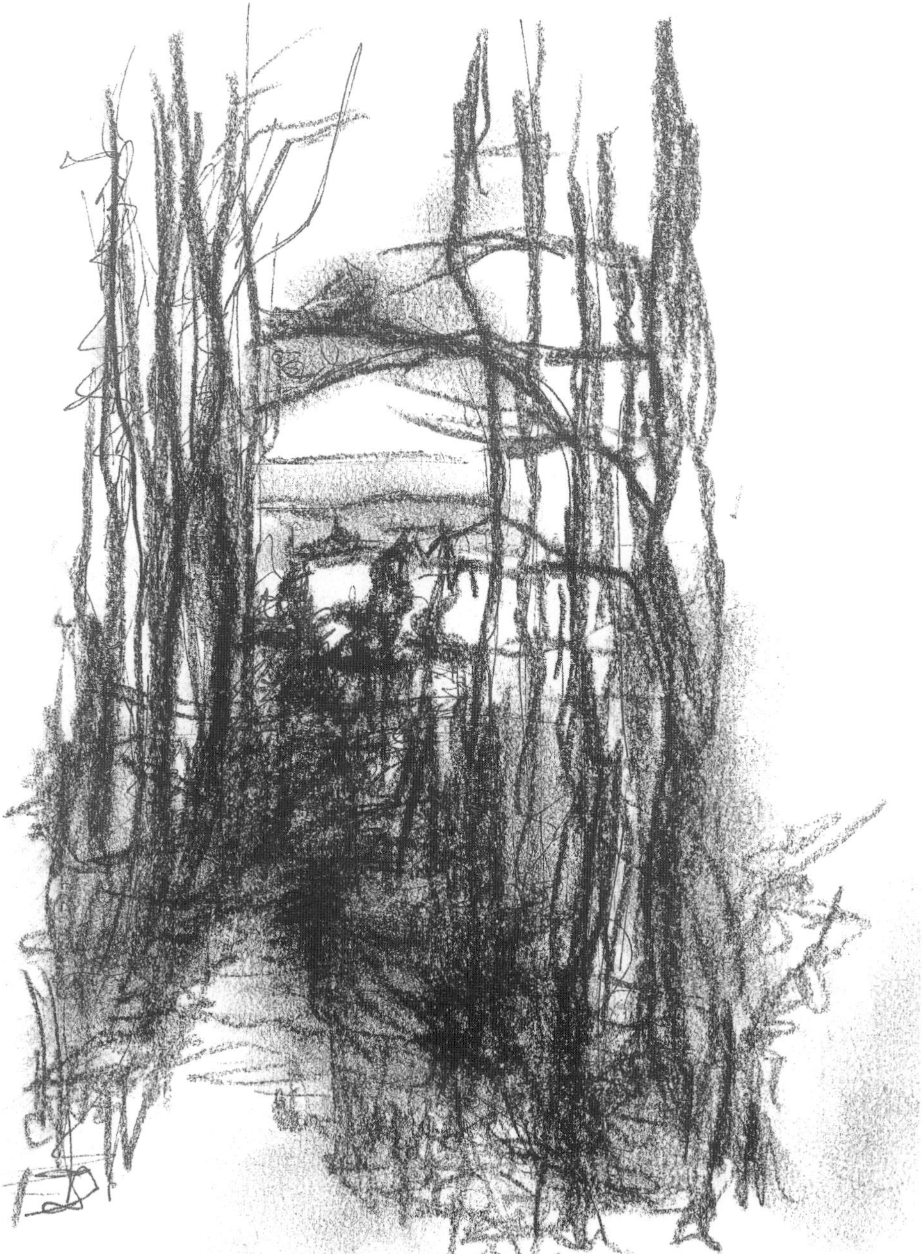

Grasmücke
Gelbspötter
Und auch
Die Nachtigall
Aber nicht
Die Lerche
Sie
Kommen
Aus dem Dickicht
Am Ettersberg

So sagt es
Der kluge Eckermann
Dem „weisen Dichter!"

Noch heut ist der Berg
Voller Nester
Der Vögel
Die
Trösten
Uns
Über
Den Trümmern
Doch
Singend

20. Juni 2003

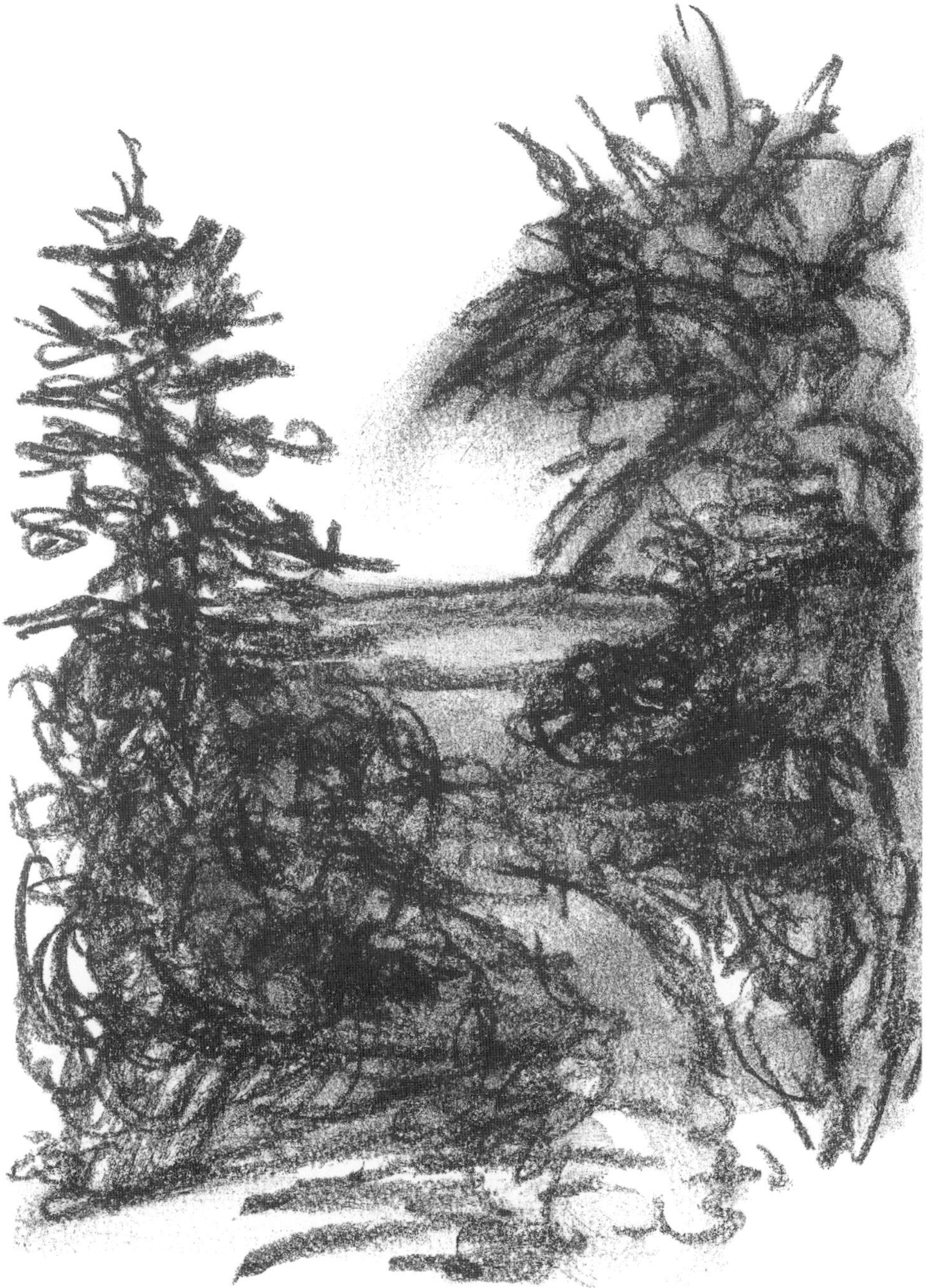

Gnadenlos
Brennt sie
Die Sonne:
Den Stein
Und
Das Gras
Und
Den Busch

Vorbei
Die Milde
Der Juniluft
Die fächelnd
Himmel und Erde
Vermählte

Heiß ist der Berg
Und
Flimmernd
Im gleißenden Strahl

So schützten
Die Götter
Vor Zeiten
Den heiligen Berg
Dass
Kein Lebender
Unbegrenzt
Ihn
Nehm
Und
Besitze

23. Juni 2003

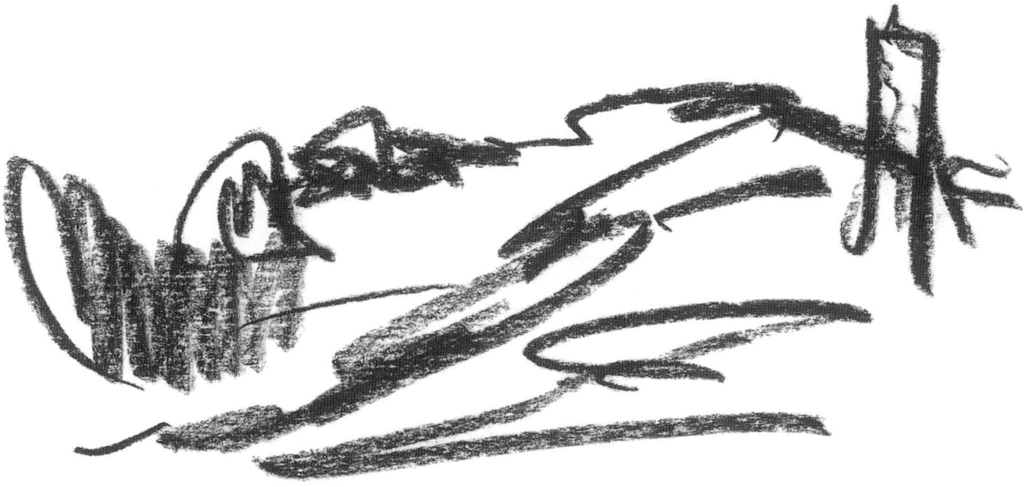

Verehrung
Dem Stein des Berges
Aus Muschelkalk
Den
Die Jahrmillionen
Formten

In
Überfluss
Liegt
Er
Auf jedem Acker
Den Landmann
Dort
Ärgernd

Mich
Aber
Erfreut
Jedes Stück
Das ich finde
Und
Füge
Hinein
In die
Wachsende Mauer
Des Gartens

23. Juni 2003

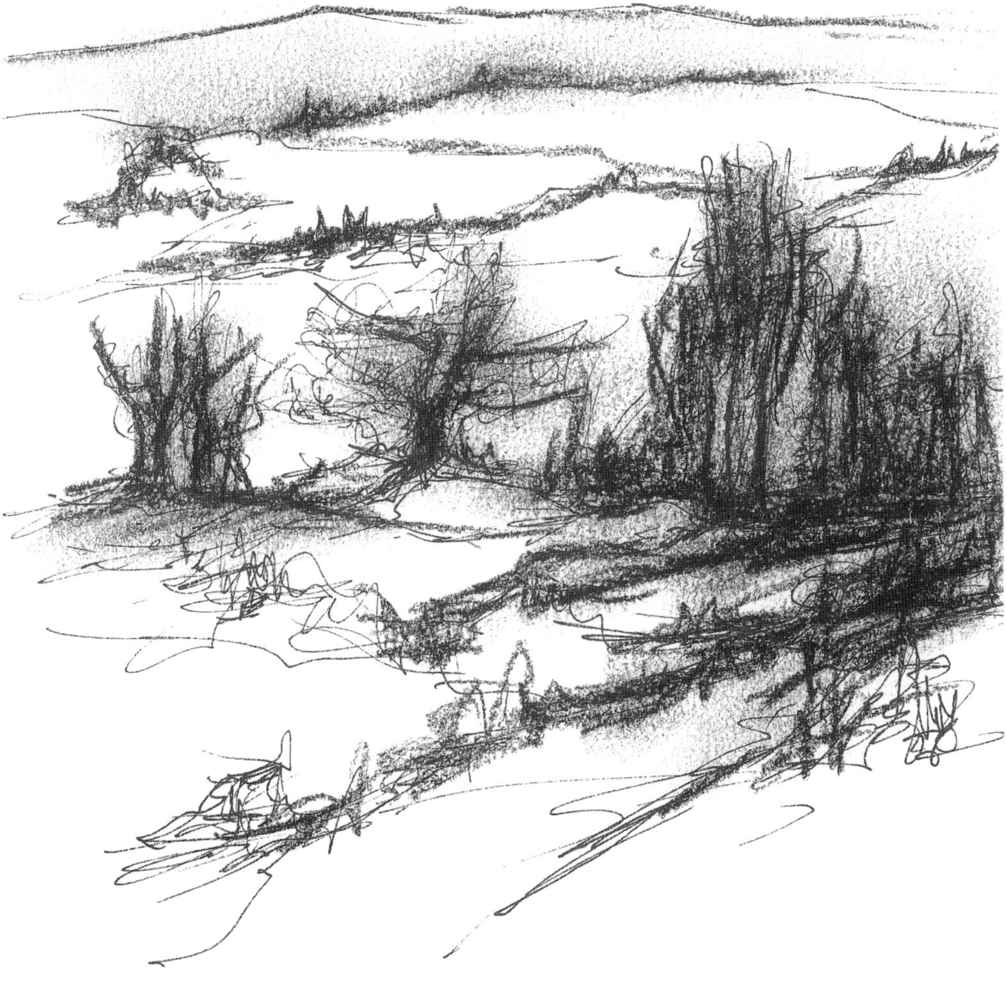

Hier auf dem Berg
Ist
Den Göttern man näher
Im Januarsturmwind
Der Mittagshitze im Mai
Doch auch
In sanfter Mittsommernacht des Juni
Wenn sie leuchtet
Im Glanz
Der flackernden, schwebenden, kreiselnden
Glühpünktchen
Viel hundert an der Zahl

Kein Ort
Der Halt gibt
Kein Ort
Zum Festhalten
Ein Ort
Der Halt
Fordert
Ein Ort
Zum Aufdenken:
„Wir haben hier
keine
bleibende Statt"
Ein Ort
Zum Anhalten
Ein Ort
Zum Wahrnehmen
Wie
Nahe
Der Mensch
Den Elementen
Bleiben
Muss

24. Juni 2003

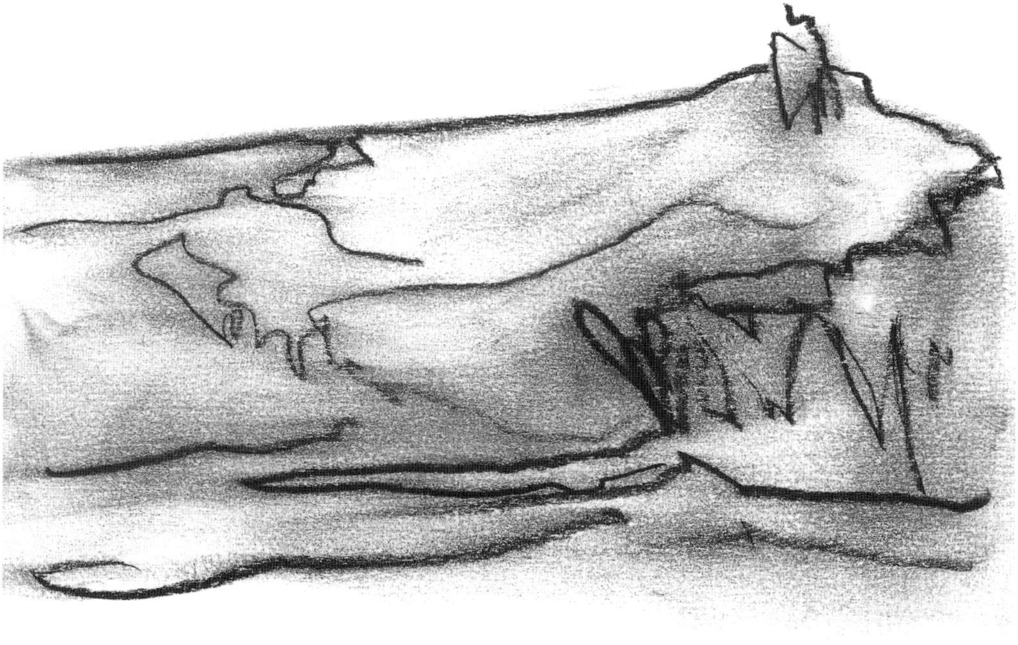

Der Eigenwill Ettersberg
Er verkleidet sich
Für den Oberflächlichen
In Harmlosigkeit
Und
Doch ist
Alles anders
Hier:
Die Luft
Die Erde
Die Pflanzen
Die Sicht
Und
Das alles
Zusammen

So ist
Der Berg
Ein Mahnmal
Den Menschen
Seit Jahrtausenden
Ihnen
Zu zeigen
Ihr Maß
Ihre Grenzen
Ihren Lebensraum
Am Berg
Und
In den Weiten
Des Landes
Dessen Horizonte
Der Berg
Im Blick behält

24. Juni 2003

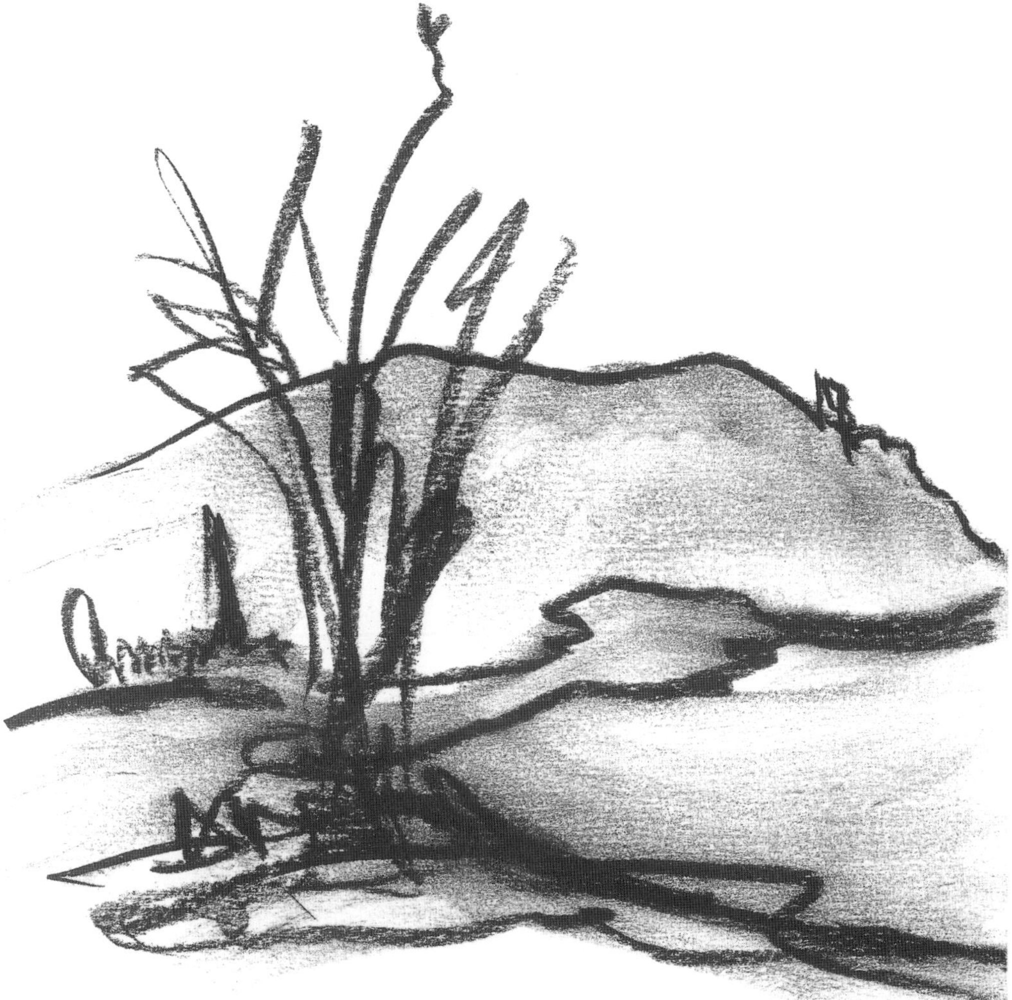

Stille
Flimmernde
Glitzernde
Weite

Wie im Starrkrampf
Zitternd
Der Horizont
Im
Flackernden
Sonnenbrand

„Die Vöglein schweigen …"
Kein Hälmlein bewegt sich
Das Leben
Es schwebt
In der Hitze
Des Mittags

10. Juli 2003

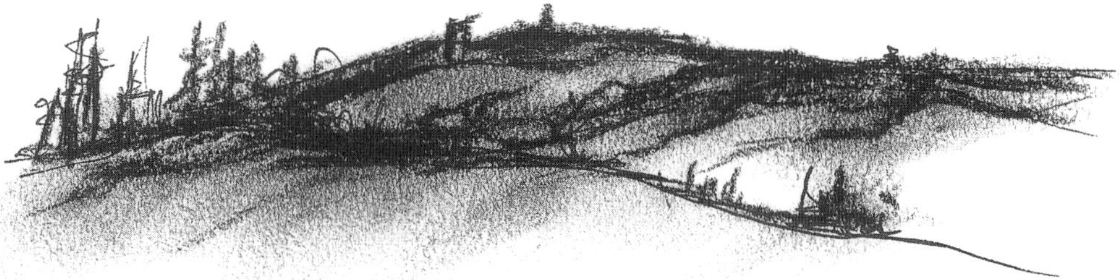

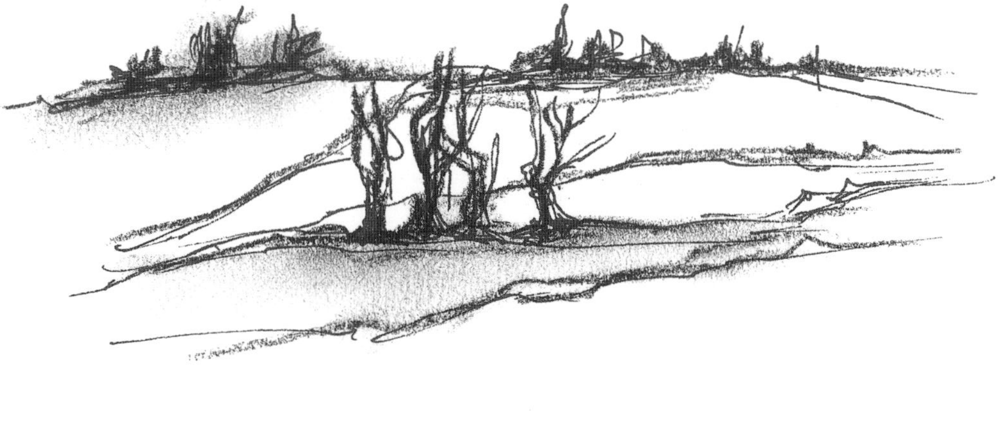

In der stickigen Enge
Des Schlosses von
Kromsdorf

Dort saßen wir
Viele
Beengt
In der Masse der Menschen

Die dachten und sprachen:

Ratloses Geplapper
Über das Eindämmen
Von
Menschengewalt

Nicht
Der Missionsrat
Nicht
Der Lehrer
Nicht
Der Geistliche
Nicht
Der Philosoph

Hatte die Lösung

War es umsonst
Das Schwitzen
Im Menschendampf
An historischem Platz?

Die Antwort ist:
Nein!
Denn
Was sollen wir sonst tun
Mit unsren Gebrechen und Schwächen
Die
Gerne
Wir
Festmachen
Lieber an anderen

10. Juli 2003

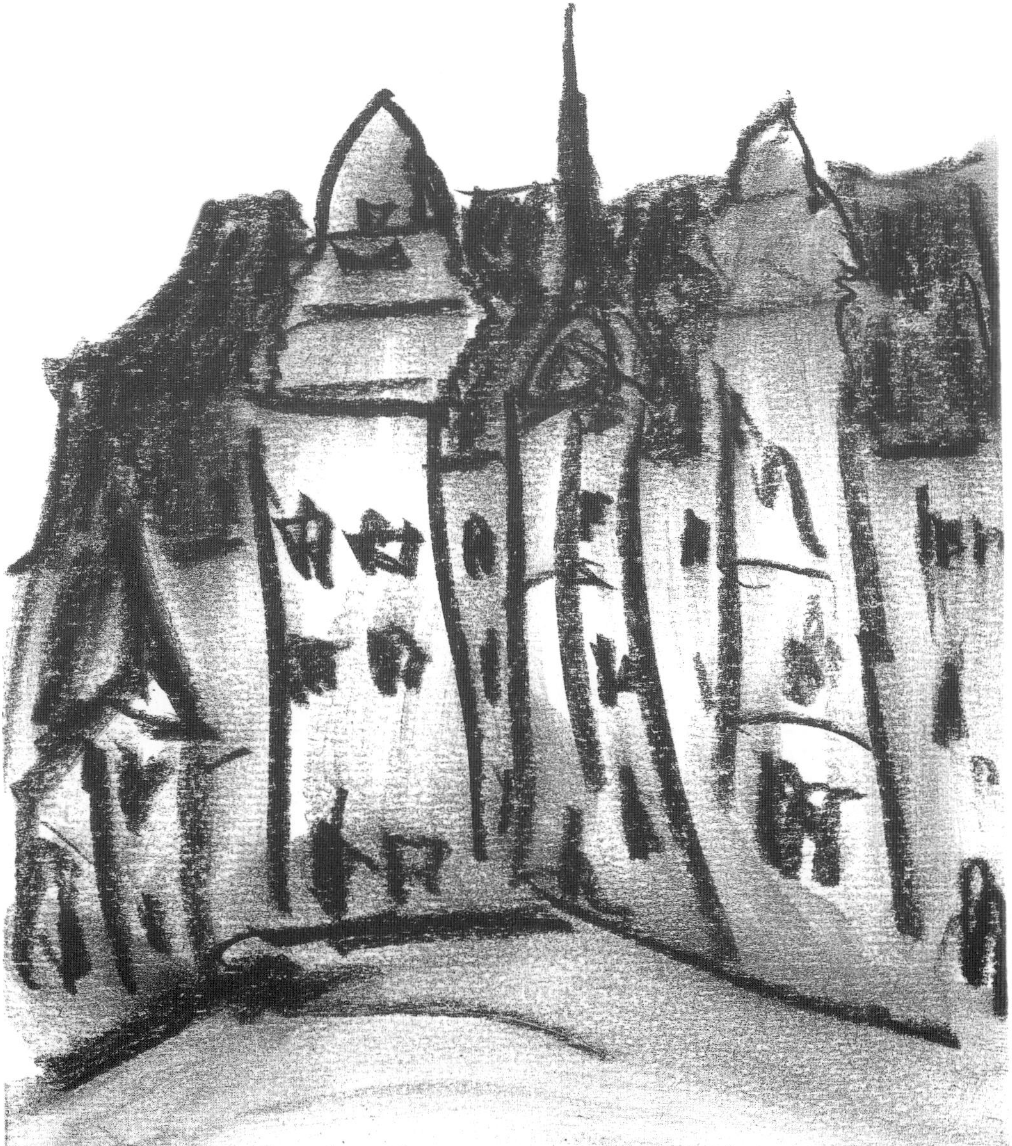

**Abend
Nimmt
Das Licht
Vom Berg**

Und

**Stille
Sickert
Hinunter
In die lärmende Stadt
Der Dichter und Denker
Verliert sich
Wie
Heimatlos**

Und

**Schwimmt
Vom
Mondenschein
Begleitet
Die Ilm
Hinab
In
Die
Weite
Der
Nacht**

10. Juli 2003

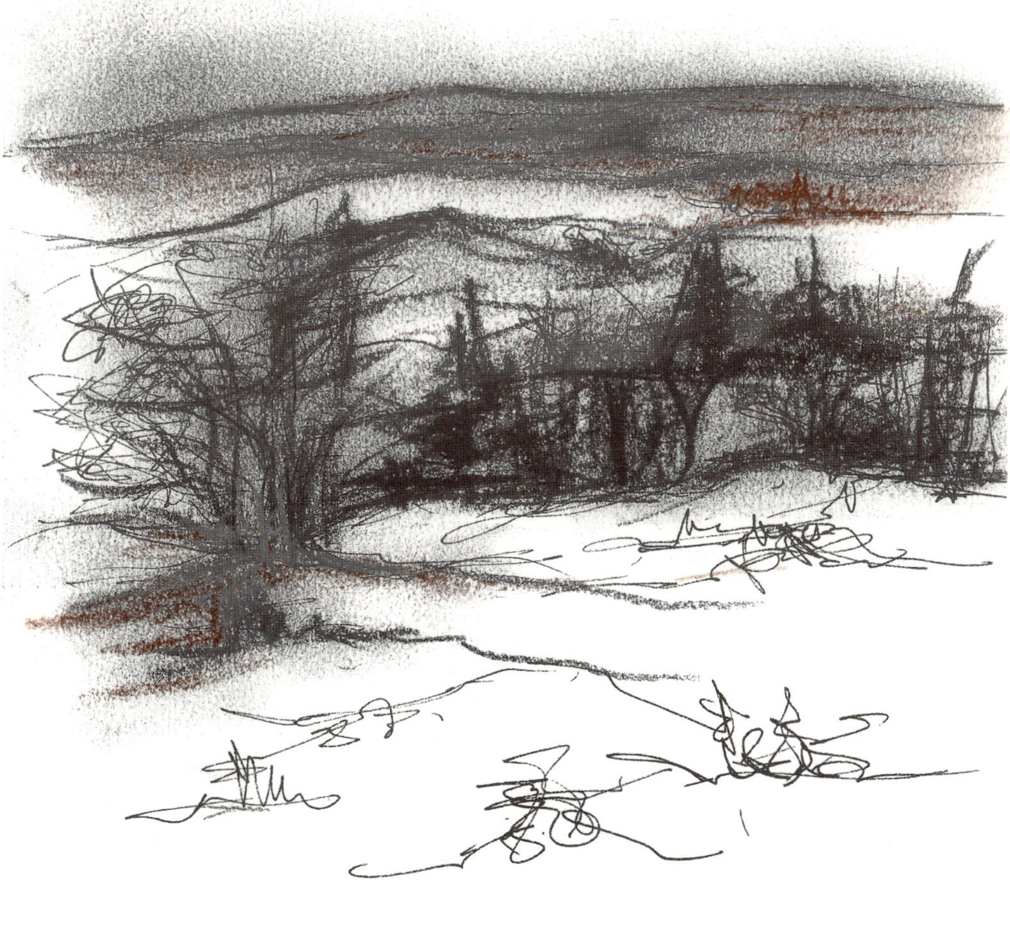

**Die
Dörfer
So lieblich
Am Berg
Sie
Verstreut
Sind**

**Wie
Lässt
Sichs da
Leben**

Mit

**Gebrochenen
Orgeln
In
Verschlossenen
Kirchen
In
Denen
Einst
Sangen
Die
Dörfler
Kantaten
Verzieret
Mit
Geigen und Flöten und Krummhorn**

So

**Berichten
Die Folien
Gestapelt sie liegen
Vermodernd
In Schränken
Der frommen Archive**

12. Juli 2003

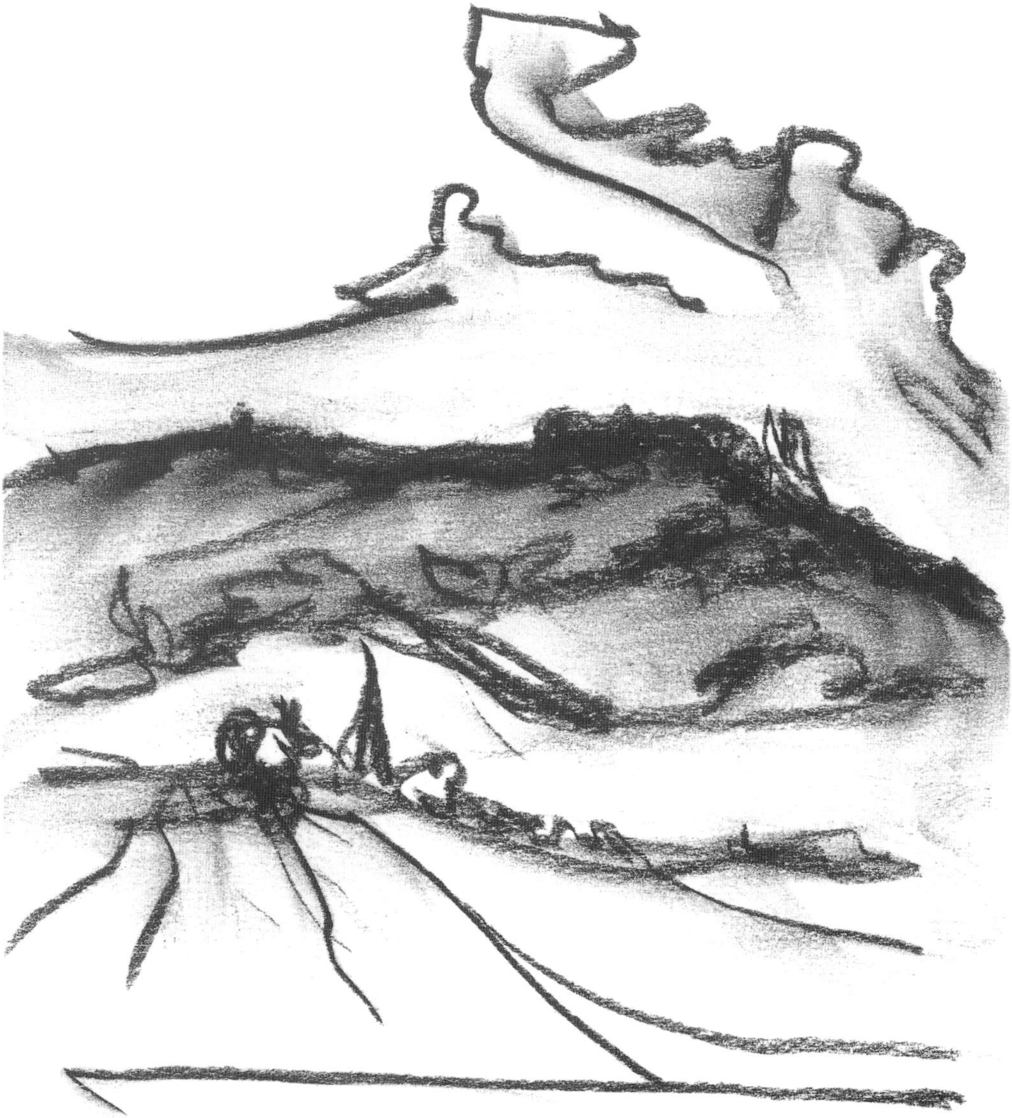

Hottelstedt
Weiß
Man:
Dort
Fuhr
Bereits
Goethe

Hottelstedt
Wer
Weiß
Es:
Dort
Trieb
Man
Die
Geschundnen
Aus
Vielen
Nationen

Der
Todesmarsch
Prägt
Es
Das Dorf
Auch
Bis
Heute

12. Juli 2003

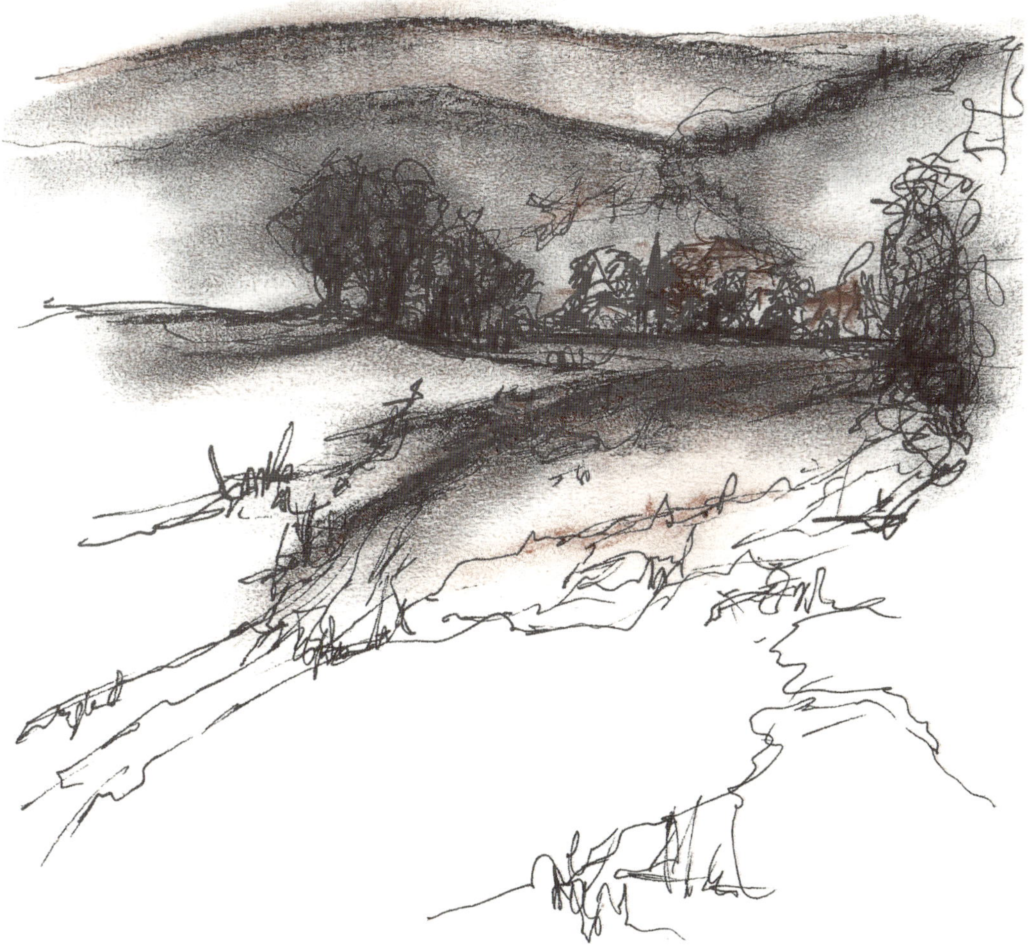

Erstarrt
Glüht
Der Steinbruch
In der
Flimmernden
Julisonne

„Das Gras ist verdorret"
Kein Lufthauch bewegt sich

Wie kann man sich vorstellen
Dass hier einst das Blut floss
Der Entwürdigten
Unter den Lasten
Der Steine
Der Schläge
Und
Brütender Sonne

Heut nun
Ist Stille
Im gleißenden Licht

Wer hält sie dann wach
Die Gedanken
An Grauen aus
Unsrer Geschichte:
Gegen
Vergessen
Und
Für Miteinandersein

24. Juli 2003

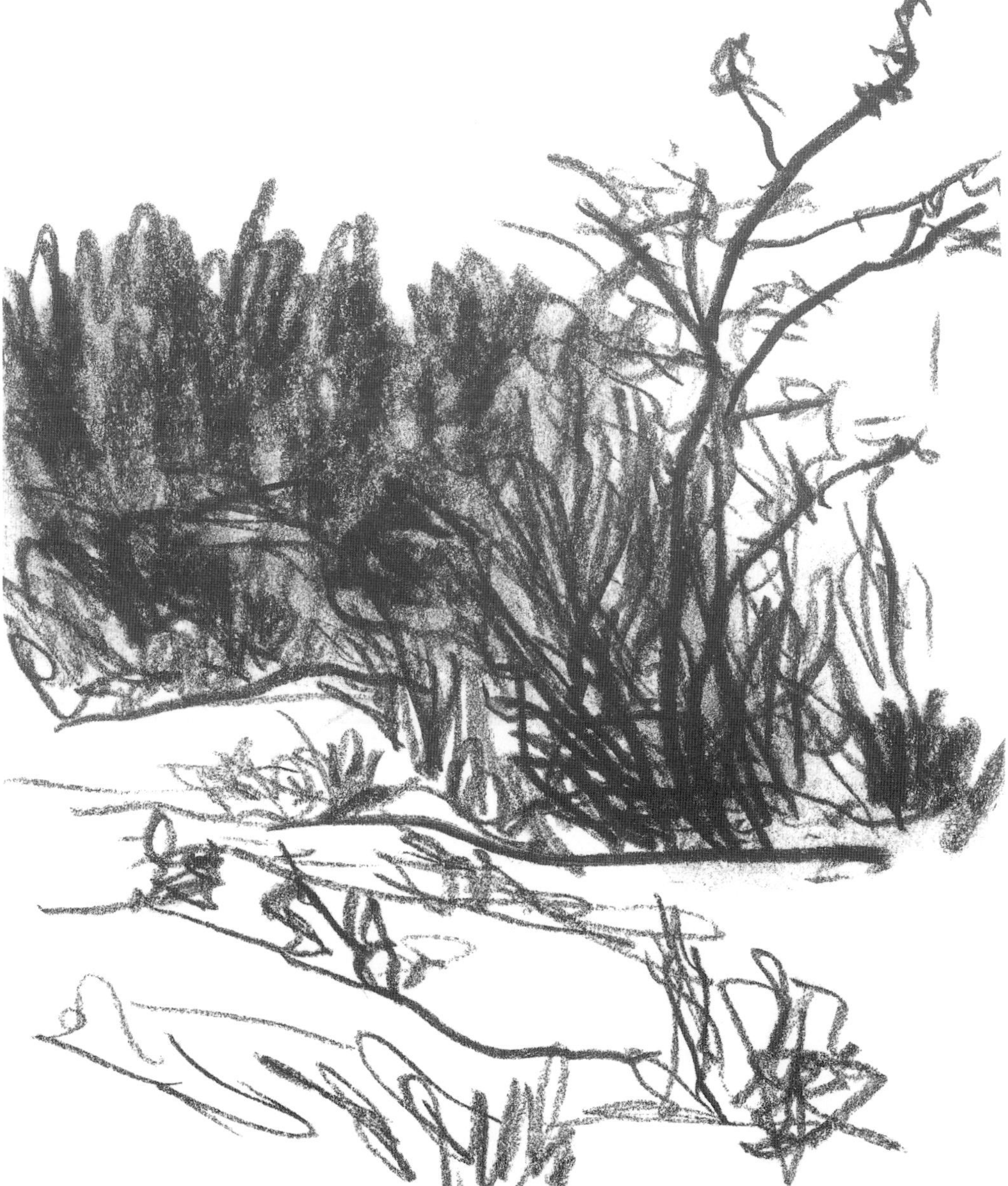

Ein Regen
Sanft und weich
Wie
Schwarzes Mädchenhaar
Streichelt
Das verdorrte Gras
Und
Den glühenden Stein
Am Hang
Wischt weg
Die trüben Gedanken
Von
Schuld und Verbrechen
Versöhnt den Berg
Mit
Uns
Im Aufgang der Sonne
Die
Strahlend
Ihr Licht schenkt
Dem
Guten wie Bösen
Auch heut
Wie schon
Alle Zeit

24. Juli 2003

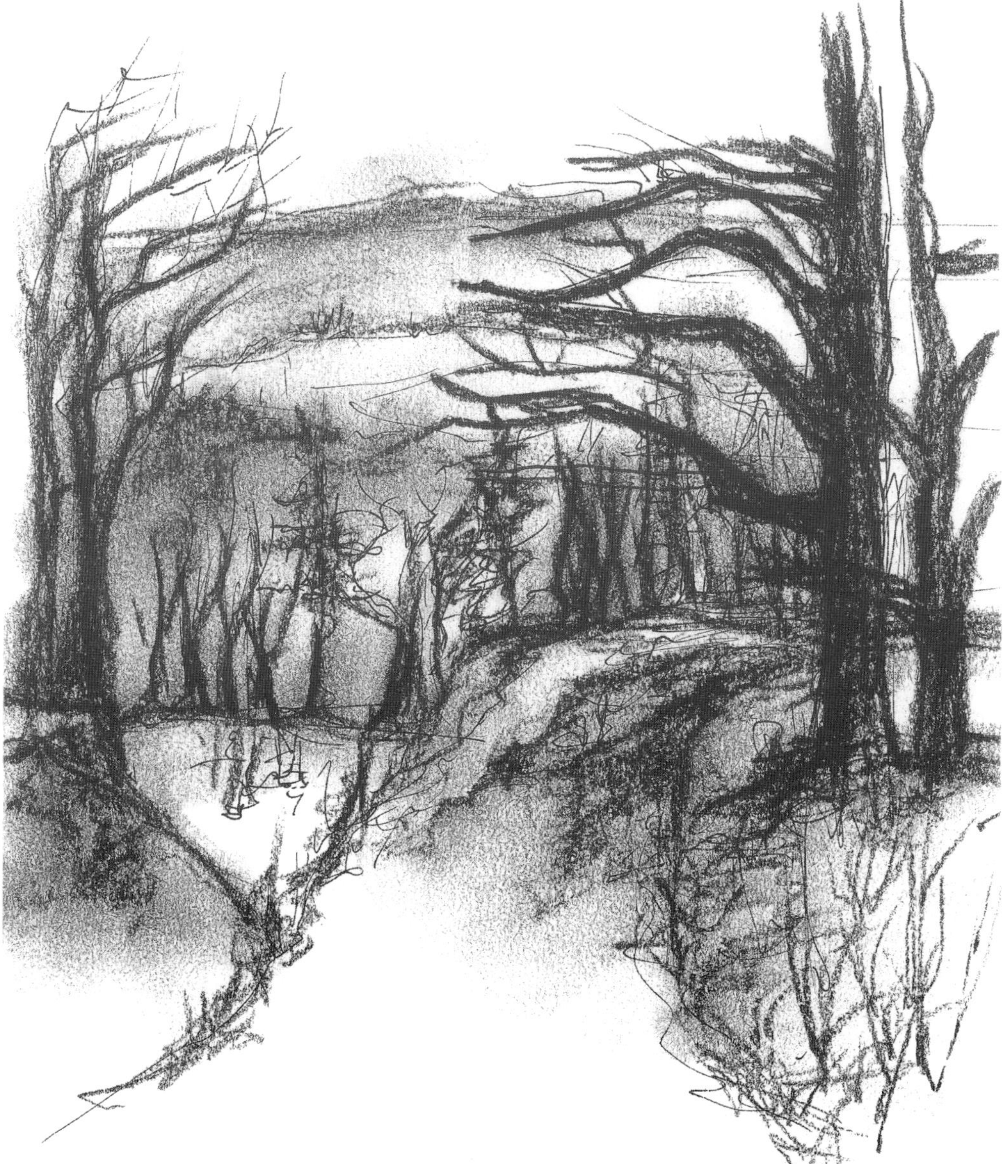

Und
Endlich da knallt es am Himmel
Und
Blitze die zucken
Das Land kurz erleuchtend
Aufrüttelnd die stehende Luft auch
Die einhüllt den Berg
Bis hinein in die Nacht

Der Tag der war heiß
Und
Die Luft die stand zwischen
Dem
Himmel
Der Erde

Nun bricht sie sich Bahn
Die Entladung des Himmels
Verstaubtes Gebüsch
Und das Gras
Das vertrocknet
Erwacht neu zum Leben
Im Lauf der Elemente

Beschämend der Kleingläubigen
Klagen und Fürchten:
Das Leben werd enden
Durch uns
Die Gott schuf einst
Sich selber zu loben
Und
Bildnis zu sein

27. Juli 2003

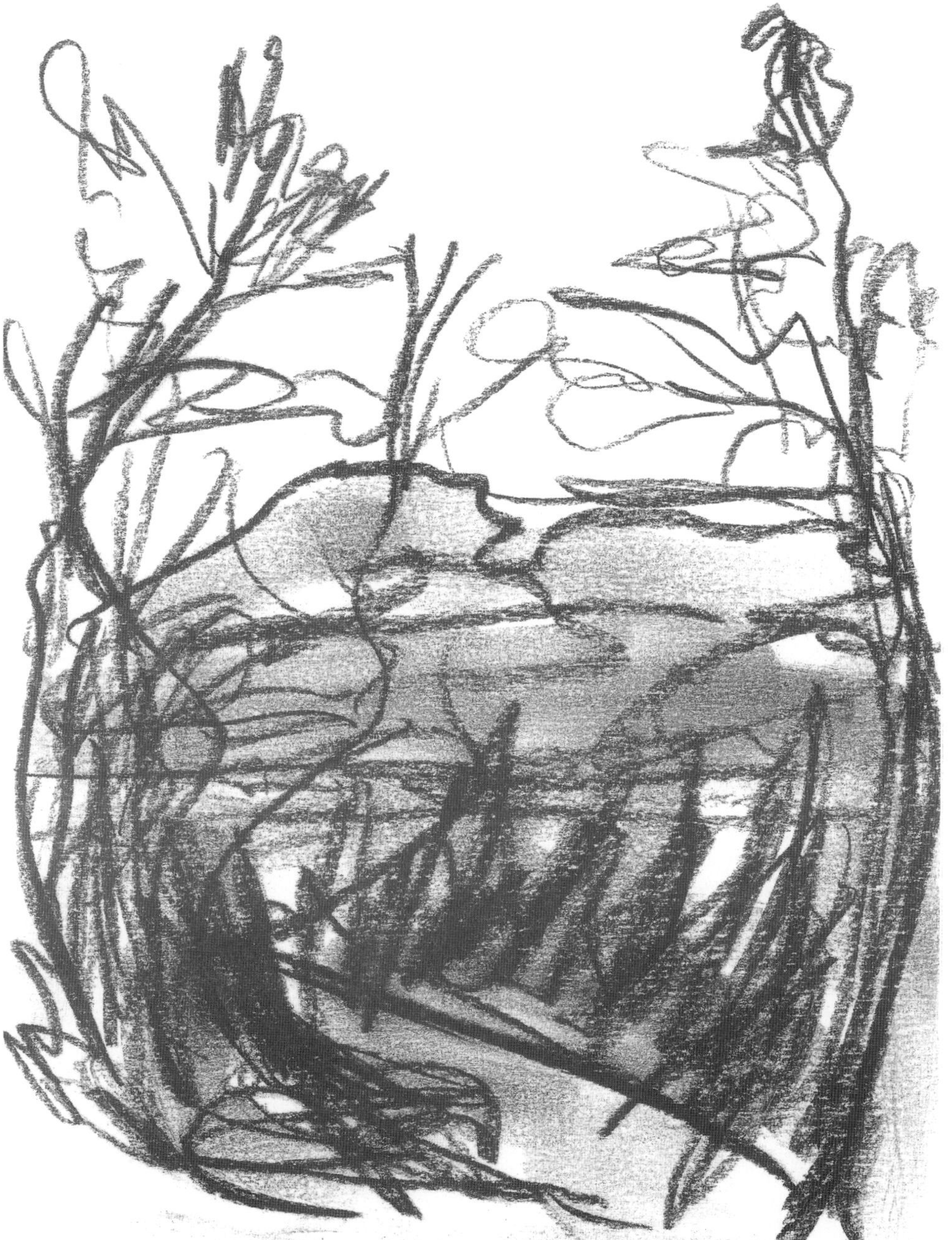

Heut hat der Berg Sein Haupt umhüllt

Muss allein sein
Sich verbergen
Hinter seinen Schutzwolken

Muss sich erholen
Von uns
Den Menschen

Muss glätten sein Antlitz
Die Narben waschen und salben

Muss sich bürsten sein Fell
Das lange dorrte
Im austrocknenden Brand
Der Sonne

Unnahbar heute
Erscheint mir der Berg
Ehrfurcht gebietend
Im weißen Wolkenkleid
Des Himmels

28. Juli 2003

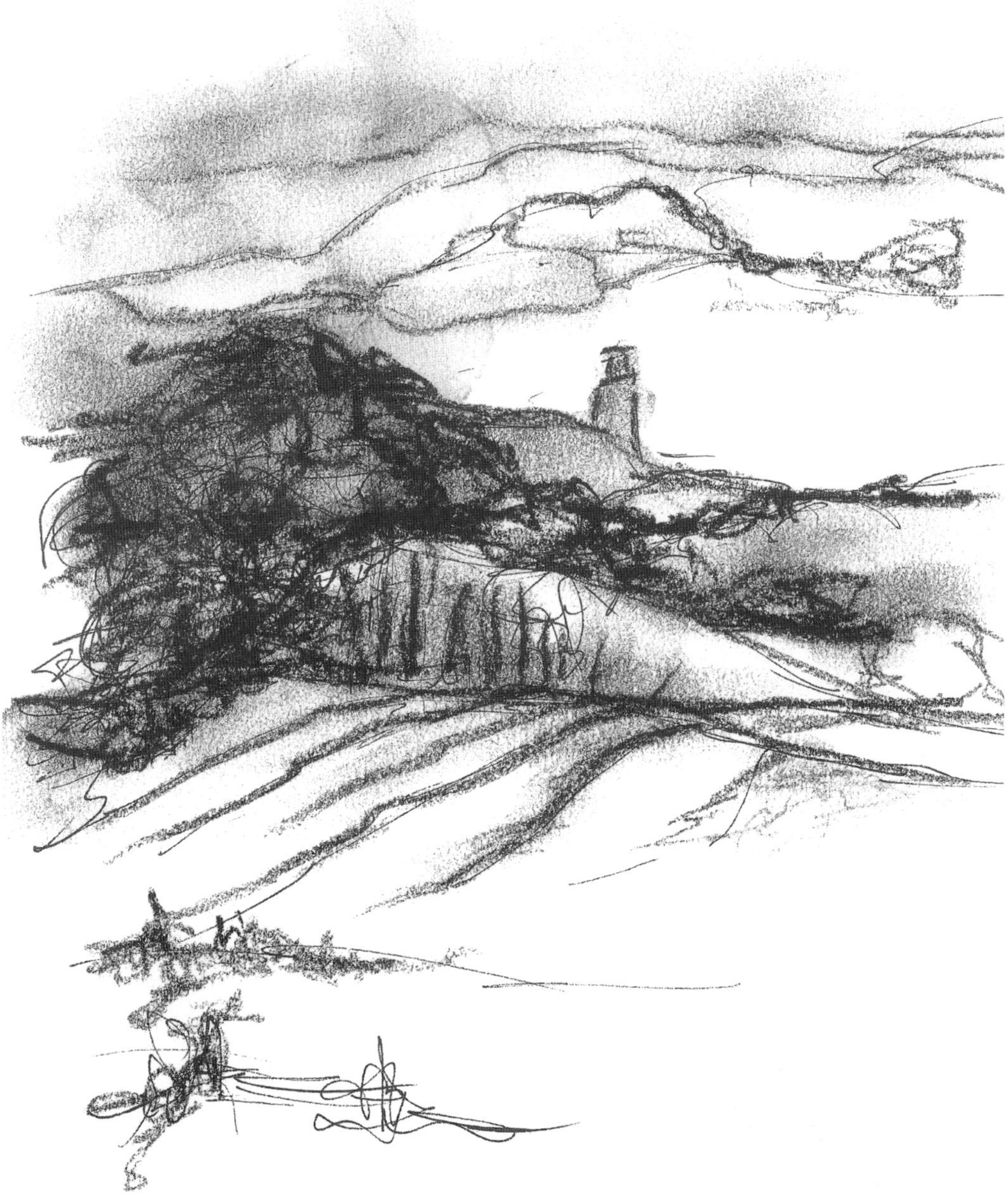

Die Konturen werden klarer
Dann beginnt es: Das Löschen des Lichts
Der Berg
Er verfärbt sein Gesicht
Vom hellen Gelb und Grün und Braun
Hinab ins Grau der Verhüllung

Von Fern der Lärm der Dichterstadt
Kontinuierlich und wie synchron
Mit der Entlichtung
Gleichsam als Bordun der Gleichsamkeit
Begleitend den Übergang
Der Naturbelichtung hinein ins Dunkel
Der Nacht

So wiederholt sich
Das Schauspiel von Geburt und Sterben
Von Licht und Finsternis
Das wir Menschen in unseren
Künstlich belichteten Städten
Vergessen wollen

Doch
Nicht nur die Bäume und Pflanzen
Der Berg
Auch wir
Sind Teil des ewigen
Wechsels

2. August 2003

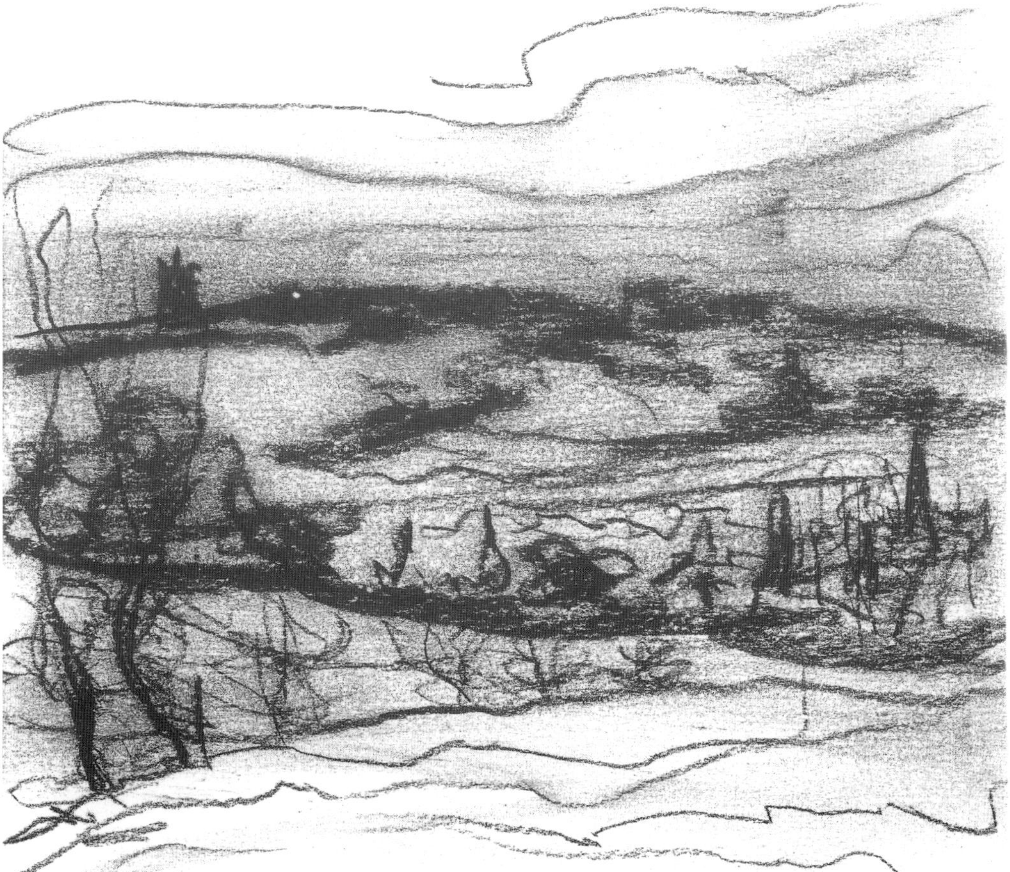

Schwer und heiß
Drückt der Himmel
Den Berg

Wann gab es je
Einen solchen
August

Die Sonne
Als verdorrender
Todesstrahl

Still und flimmernd
Die bewegungslose
Luft

Die Hoffnung bleibt
Das Leben wird nicht
Sterben

12. August 2003

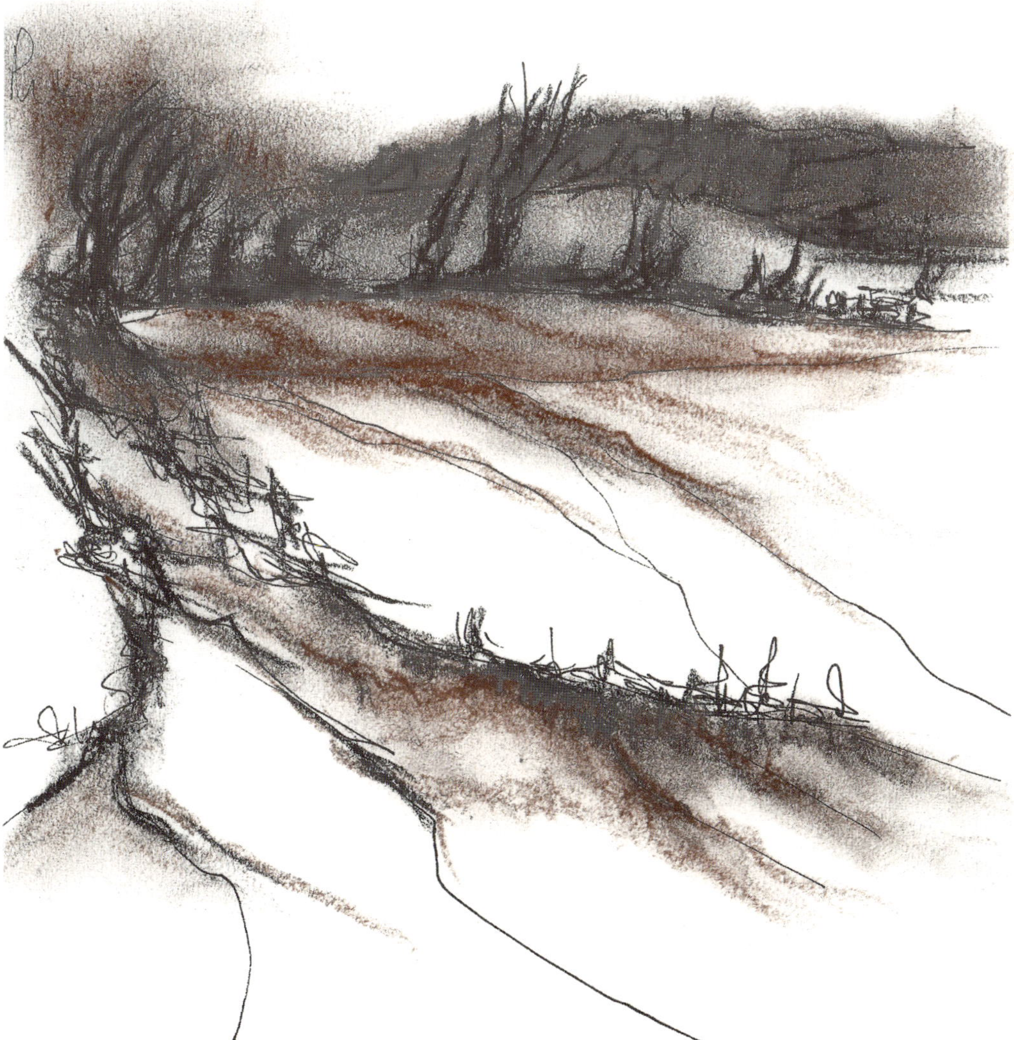

Vergangenheit und Gegenwart

Vergangenheit als Wurzel
Vergangenheit als Quelle
Vergangenheit als Rechtfertigung
Vergangenheit als Ersatz
Vergangenheit als Behinderung
Vergangenheit als Übel
Vergangenheit als Last
Vergangenheit als Berg

Vergangenheitsbewältigung

13. August 2003

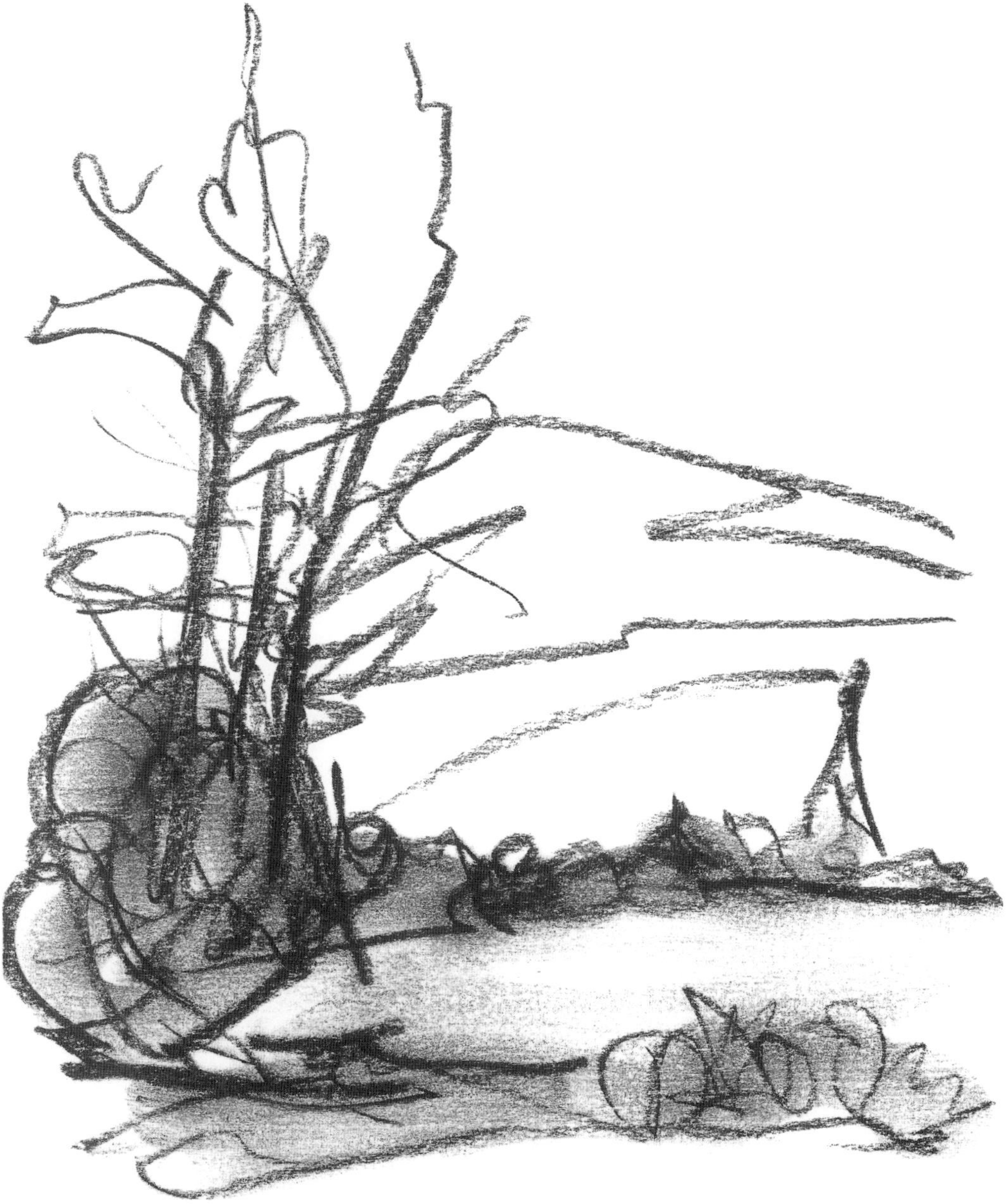

Nach dem Sonnenbrand

Lähmung liegt schwer
Auf dem Berg
Alles erstarrt, versteinert, verdorrt
Oder
Ist Leben
Versunken im Zauberschlaf der Ödnis

Lähmung erfasst auch
Das Gemüt
Die Glieder sind schwer
Das Hirn ist leer
Ohne
Gegenwart, Vergangenheit und Zukunft

Wie bewegt sich das Ich
Im Zustand der Lähmung
Ist überhaupt Bewegung gefragt
Grenzsituation wird
Wahrnehmbar:
Lähmung als Zustand

14. August 2003

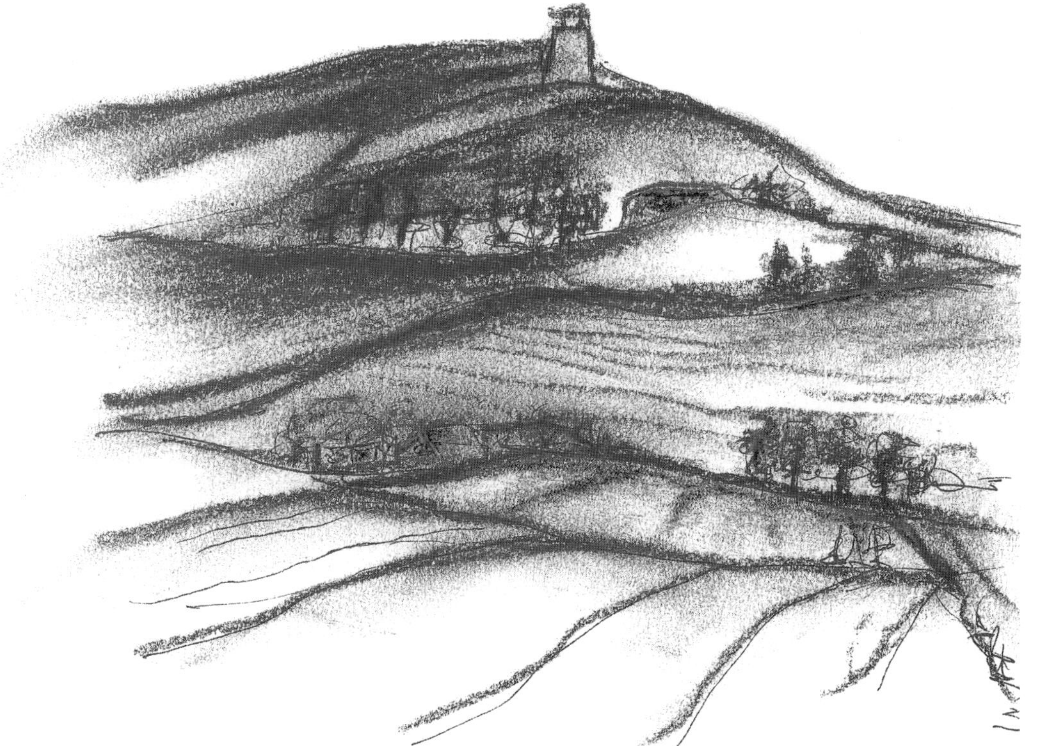

Schnecken
Ziehen sich zurück
In ihr Haus
Verkleben die Tür
Und

Was drinnen geschieht
Ist Geheimnis
Und Gleichnis zugleich

Könnte auch ich
Verkleben mein Haus
Wenn das Leben
Verdorrt

Doch
Was tun die Schnecken
Im verklebten Haus

Weil ich es nicht wissen kann
Bleibt mein Haus offen
Verletzbar
Und
Ungeschützt

14. August 2003

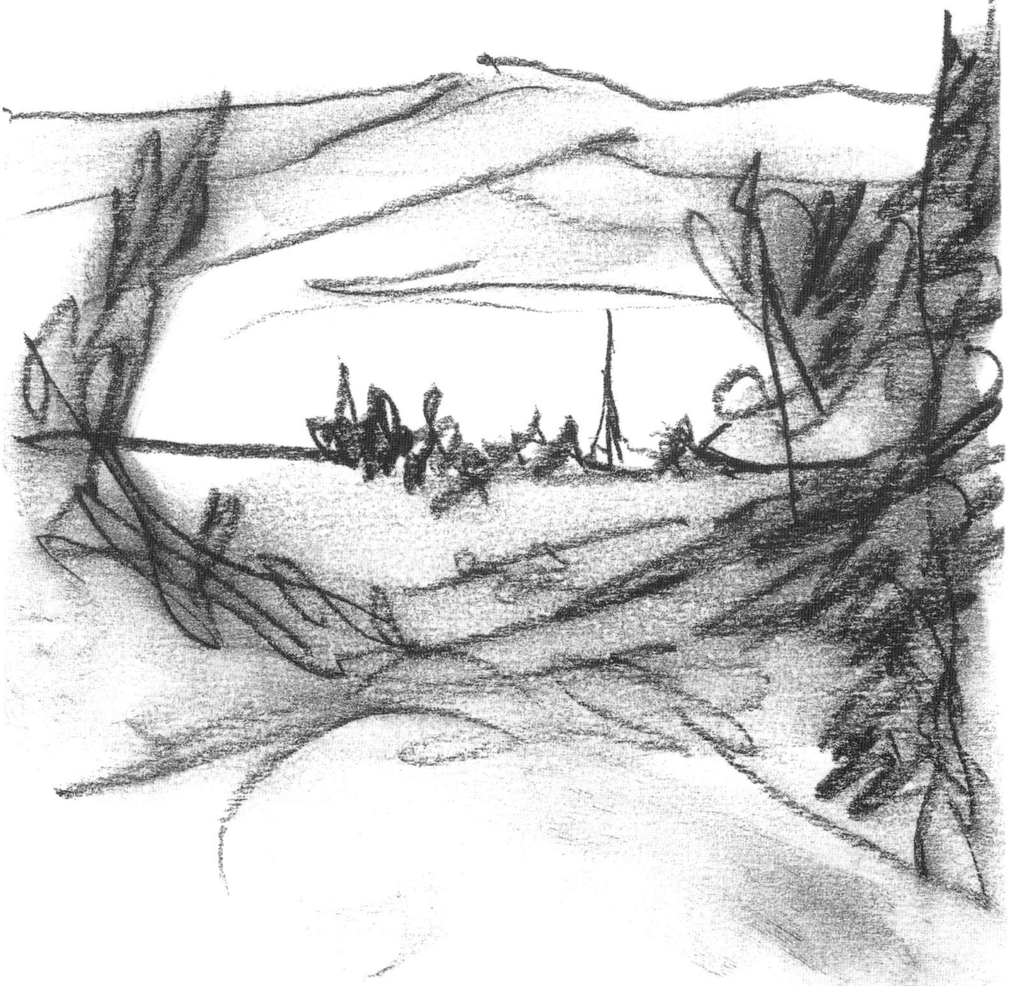

Zu Goethes Geburtstag

Noch einmal
Blaut der August in letzter Sonnenglut

Auf vertrockneten Äckern
Wirbeln Traktoren
Erdstaub zu Wolken

Alles wartet
Wartet sehnsuchtsvoll auf Wolken voll Regen

Morgen, ja morgen
Soll er kommen mit Blitz und mit Sturm

Doch mich besucht ein Falter
Und breitet aus sein farbfrohes Flügelkleid
Auf weißem Papier
Dort grüßend und schwingend
Als sei nichts gewesen

28. August 2003

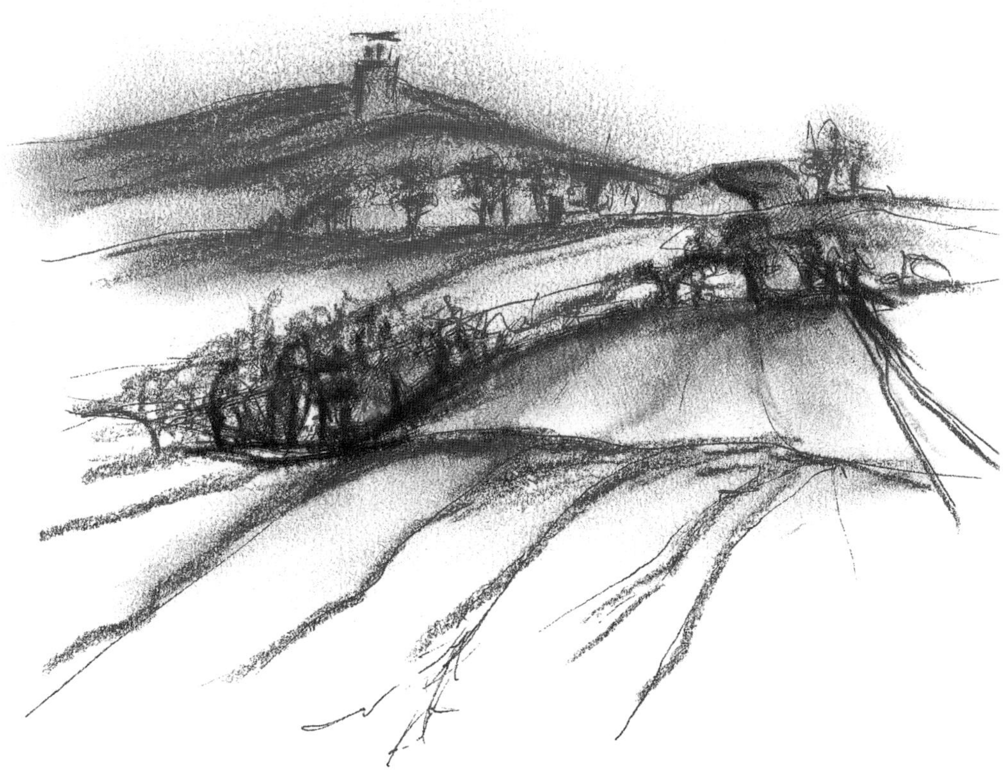

Sehr plötzlich ging der Sommer fort
Und
Türmte große weiße Wolkenberge

Die Sonne strahlt mal heiß
Dann kalt zugleich
Schafft so Balance zwischen gestern und dem Morgen

Der Berg liegt in Erschlaffung da
So wie die Seele
Die noch nicht bereit für Kälte Wind und dunkle Tage

Es ist die Zeit des Stillstands
Und der Hoffnung auf die Kraft
Geboren aus dem Schlafgang der Natur

3. September 2003

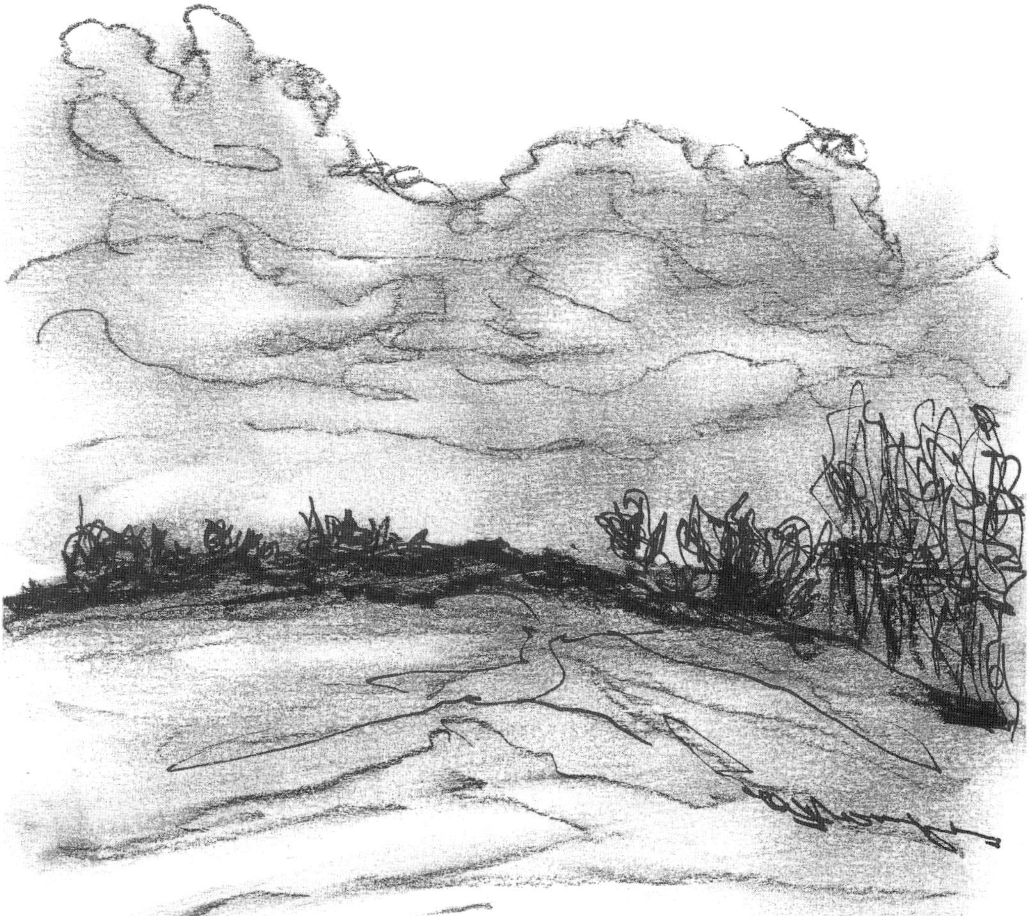

10. und 11. September

**Gedenk-Tage verbinden
Gewesnes mit heute**

**An was gedenken wir zumeist:
Brennen, Morden, Beben, Zerstören ...
Auch
Geburten
Neues Leben ...**

**Moneda und World Trade Center:
Hass und Unrecht
Gebären
Hass und Unrecht**

**Neues Leben
Gebärt
Neue Hoffnungen**

**Gedenk-Tage als
Orientierungstage für
Heute und morgen?**

11. September 2003

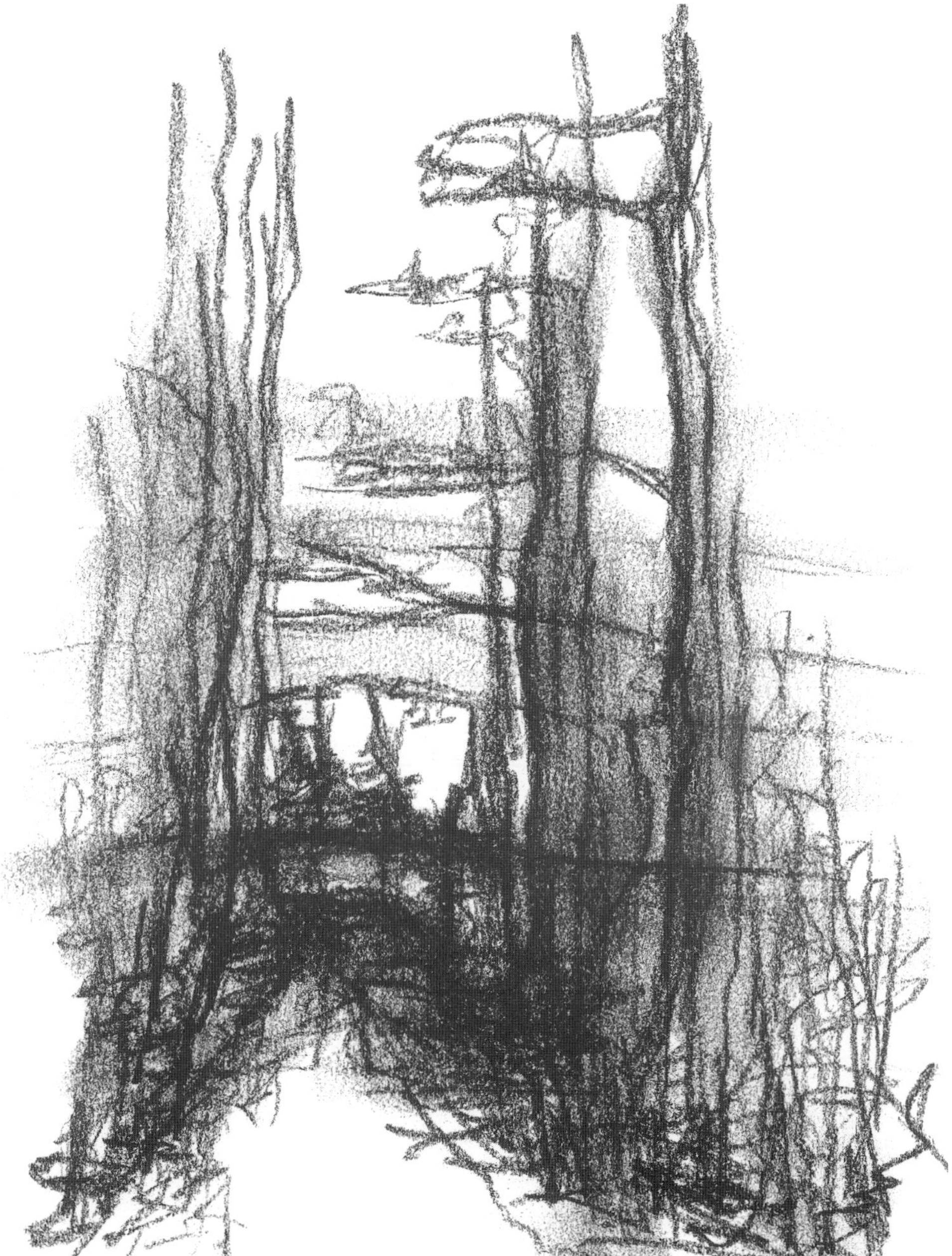

Endlich
Ja endlich ist er da
Der langersehnte
Regen

Himmel und Erde
Sind vereint
In der großen grauen Wolkenwand

Stürmisch
Dann sacht
Dann wieder brausend
So
Kommt das Wasser
Und tränkt
Das verdörrte Land

Nun kühlen ab
Die heißen Steine von Muschelkalk
Die lange in der Sonne gebrütet

Nun schwemmt sich auf
Das scheintote Gesträuch
Das im Staube hinwelkte

Zu spät
Sagen die Bauern
Doch dankbar auch sie

Noch nicht ist
Verwandelt die Erde
In Wüste

12. September 2003

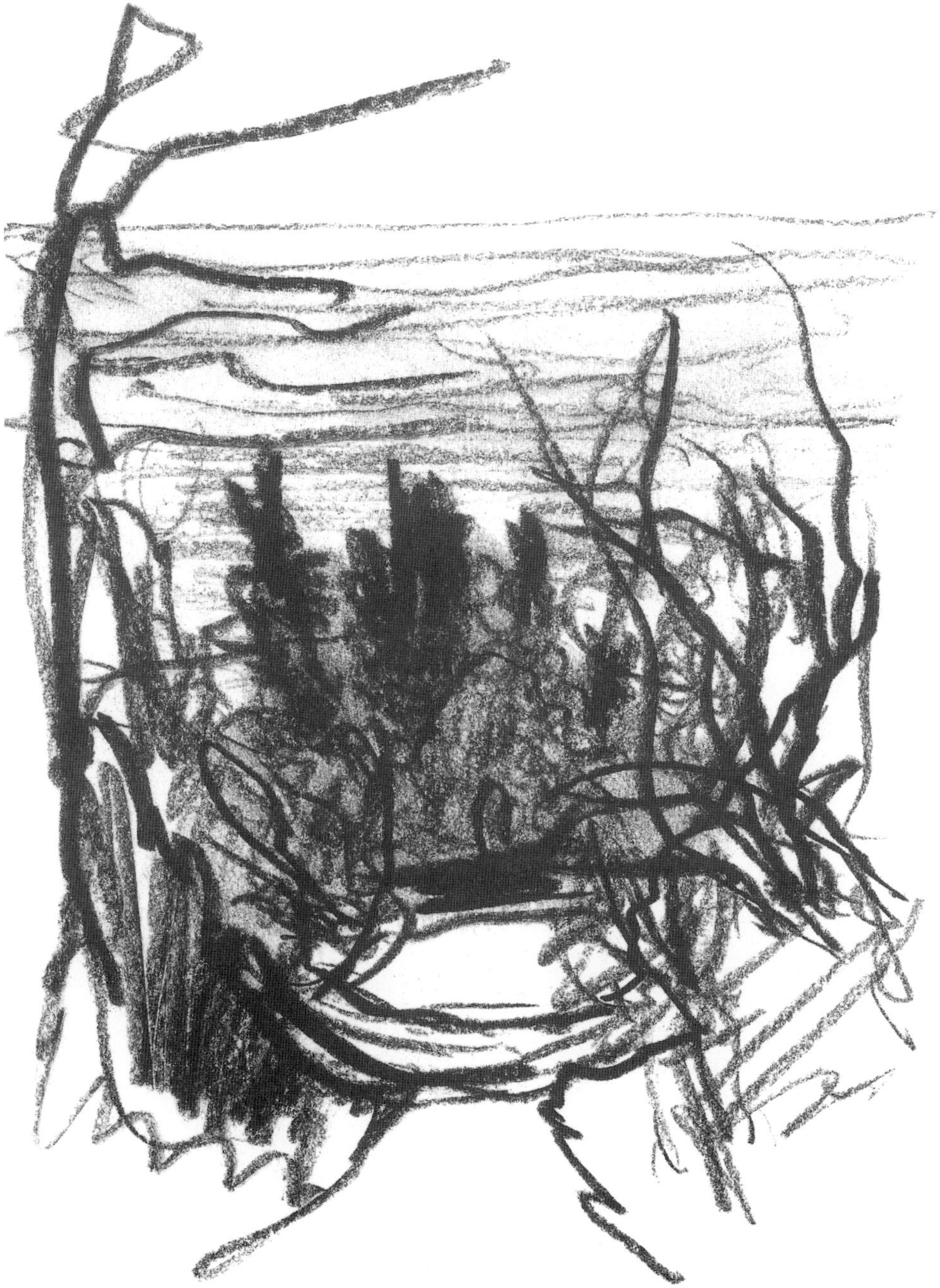

So nahe war er uns seit Jahrtausenden nicht
Der Mars
Am Himmel
Und
Leuchtet groß und hell
Als Nachbar von Frau Luna

Könnt ich wählen
So wählte ich
Die Venus
Nicht den Mars

Jedoch von Menschen
Bekam auch er den Namen und Bedeutung
Zugesprochen

Für Händel und Kriegsgeschrei
Sind zuständig nicht die Sterne
Sondern wir
Gottes Ebenbild
Wie wir dreist behaupten

13. September 2003

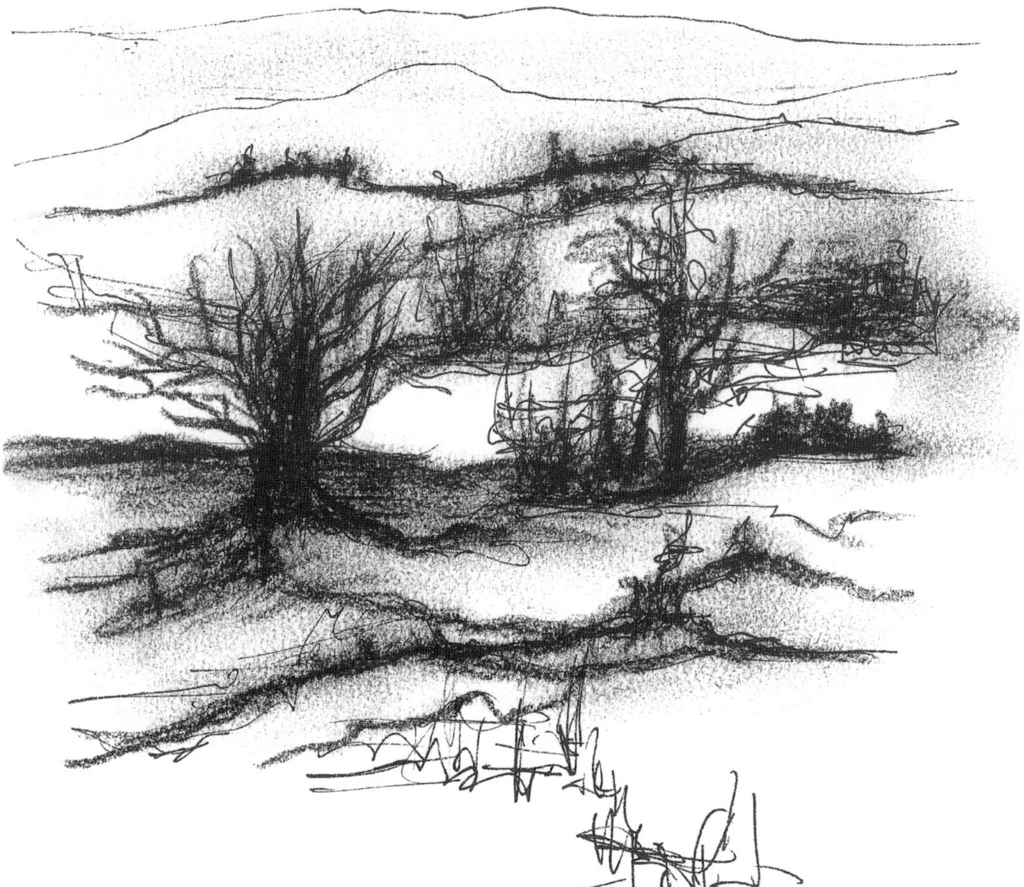

Der Herbst war
Diesmal pünktlich da
Mit
Goldgelb Licht und Sturm und Regen

Nun glänzt der Berg im Abendschein
Pastell in Blau und Grün und Braun
Bis hin zum Horizont
Der lieblichen Vereinigung
Von Himmelslicht und Erdendunkel

Der Tag schleicht
Schneller fort
Lässt Raum
Der Finsternis in Dunkelblau

So können um so heller
Künden
Der Sternen Vielzahl
Von den Weiten
Die wir wohl ahnen
Und
Doch nicht begreifen

23. September 2003

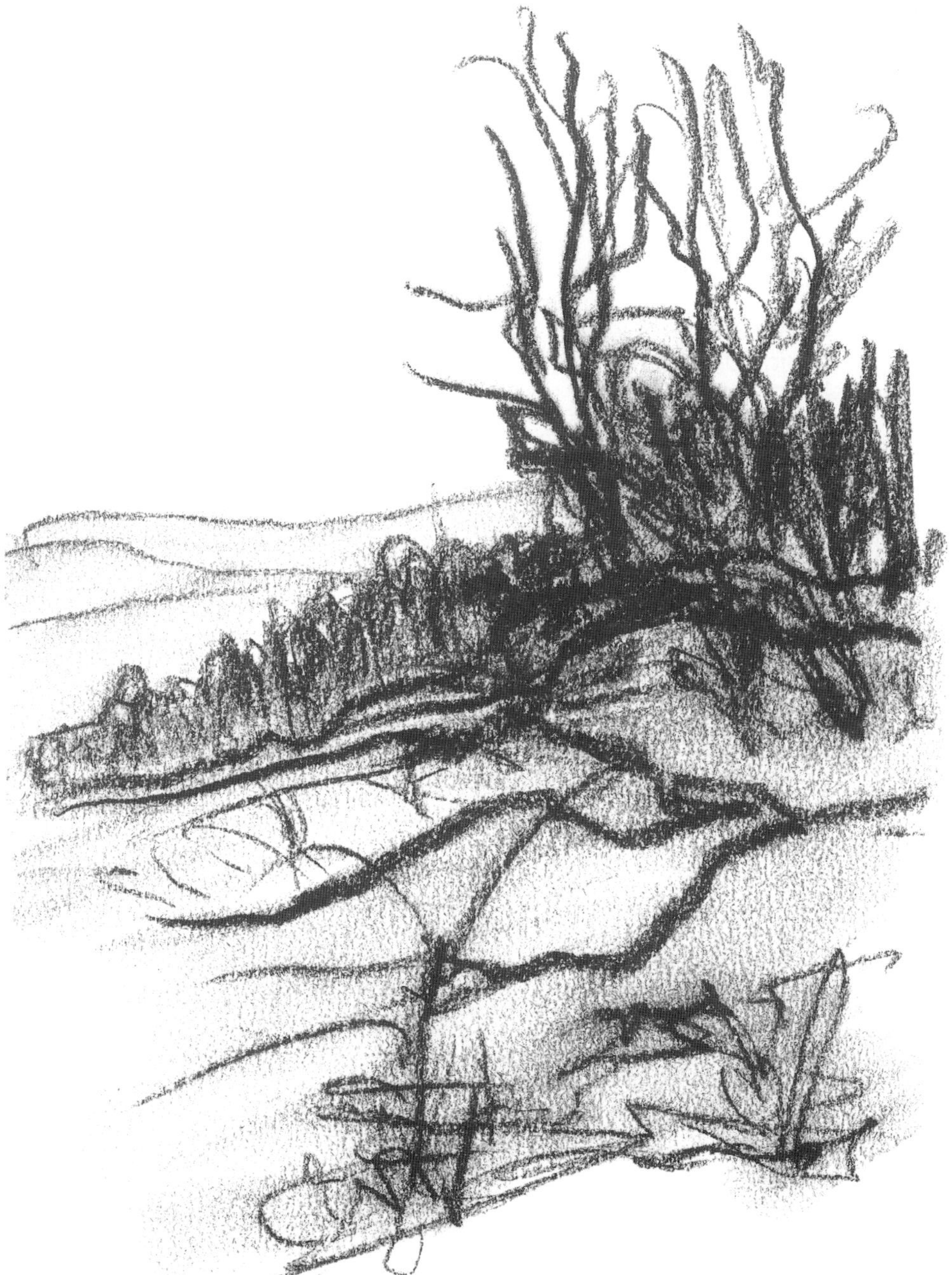

Ettersburg im September

Wir stiegen über Gerüste
Die leise vor sich hinbröckelnden Schlossstufen
Hinauf
Um
Den Zeichenplatz zu finden

Leise ebenfalls schweben Blätter
Im Sonnenlicht
Von den Bäumen

Leise auch kamen Gedanken
An lebendige Dichtertreffen
Beim Blick durch trübe Fenster und Türen
In den vor sich hin sterbenden
Festsaal

Leise Hoffnung wecken Eisenschranken
Eingebracht
Die vom Zerfall bedrohten Mauern
Zu binden

26. September 2003

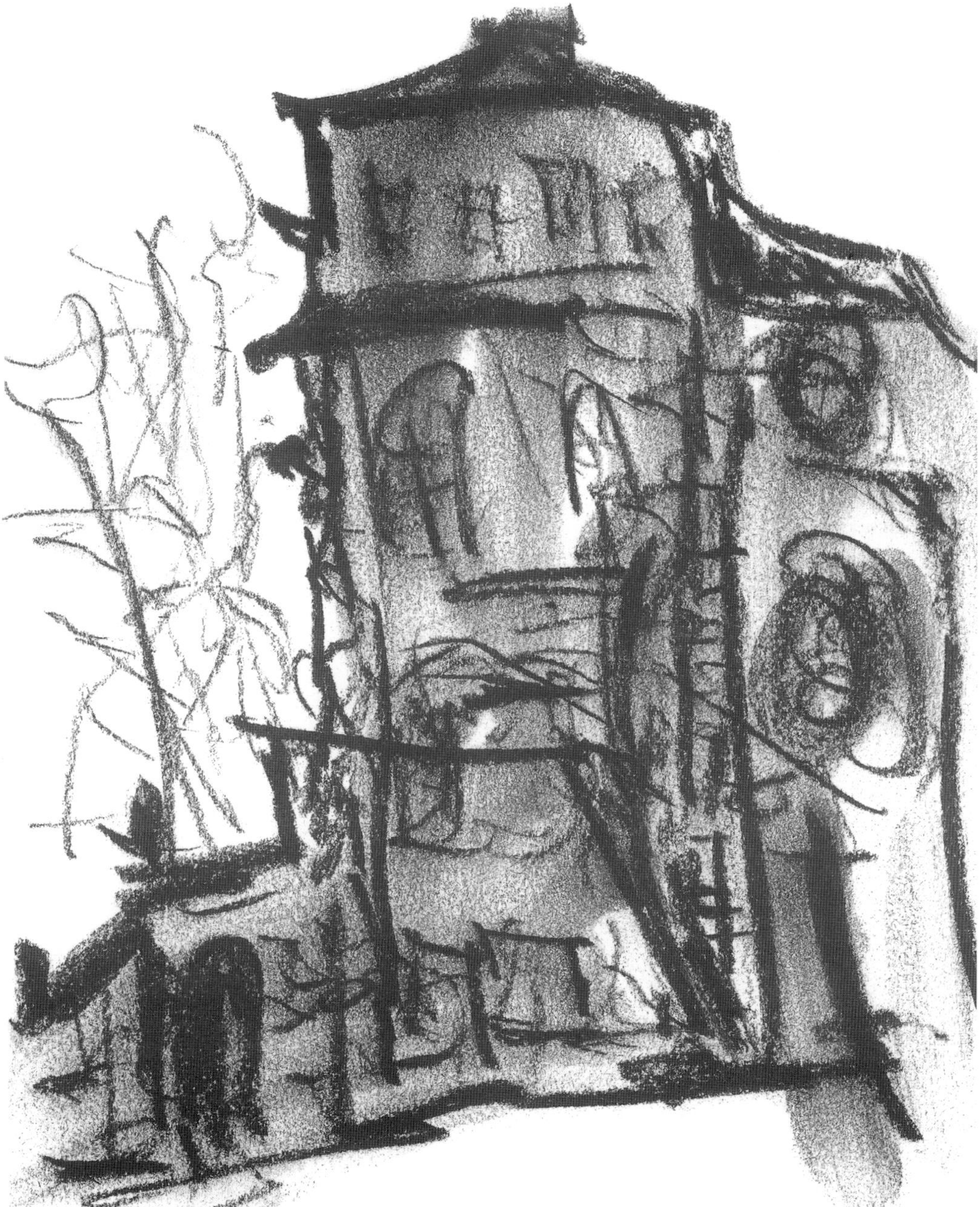

Das Bernsteingold der Oktobersonne
Vermählt mit Schwarzerde der gepflügten Felder
Im Glanz des Abendhimmels

Türkis, Smaragd, Van Deyk Braun, Indisch Gelb
Im scharfen Kontrast
Aber auch zugleich
Im zart schwebenden Übergang
So nur färbt die Natur
Jetzt
Nach dem der Sturm sich legte

Dort
Wo der Berg so sanft
In die Weiten der Ebene gleitet
Dort schwebt der Farbenzauber
Nur kurz
Bis das Schwarz der Nacht
Sehr plötzlich
Himmel und Erde verschlingt

9. Oktober 2004

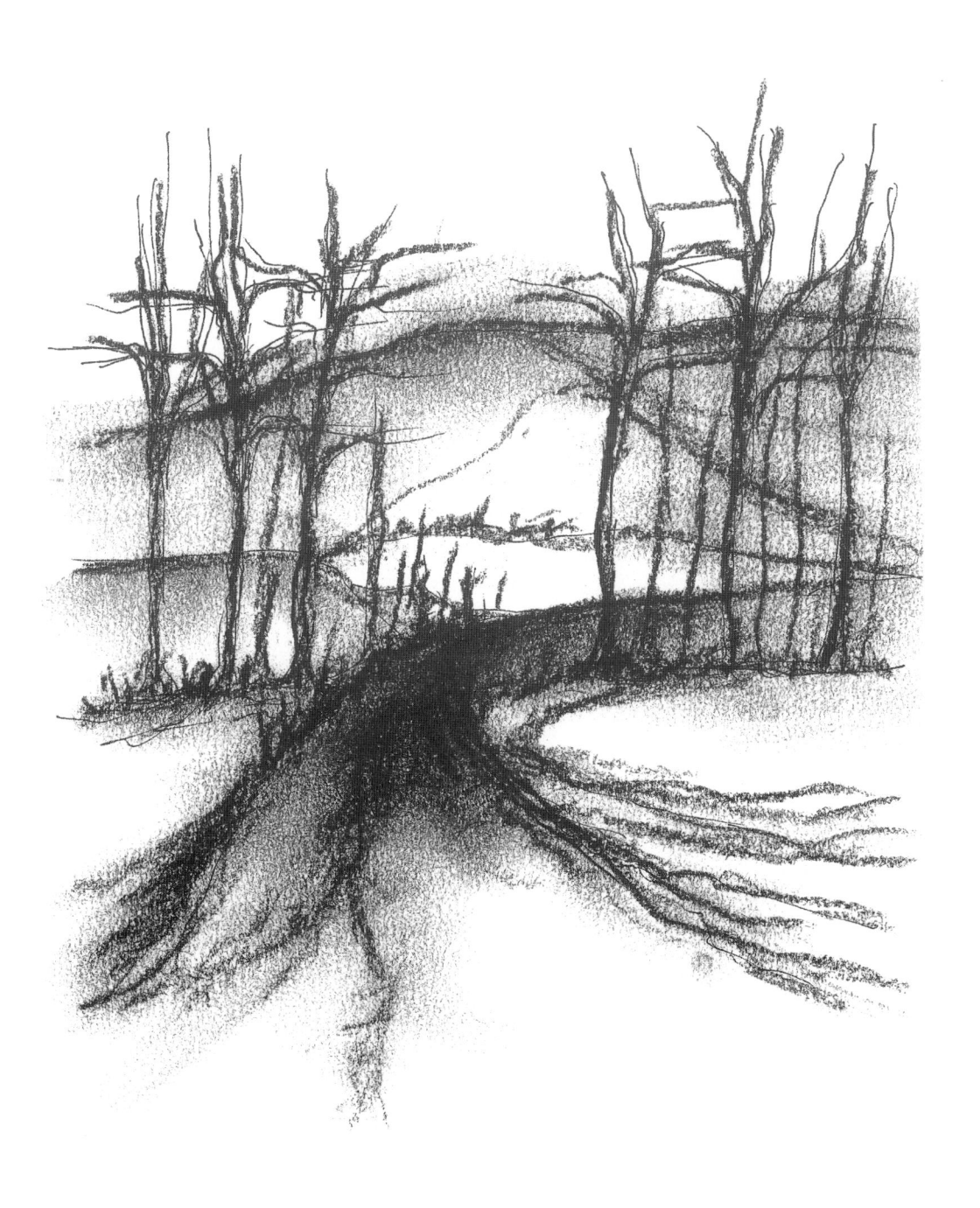

Gaberndorf an einem Herbsttag

Ich fuhr hinauf nach Gaberndorf
Und hörte Bachs Musik
Ganz nahe glänzt im Sonnenlicht
Der Turm vom Berg
Und auch
Der fromme Turm so nah

Musik von Bach
Und Buchenwald
Und Sonnenpracht
Und Kirchgemäuer
Verschlossen, steinern
Und unnahbar

Diese Mixtur
Sie macht mich bebend
Hoffnungslos
Verletzbar

Und
Kein Trost
War zu erwarten
Als sich der Schlüssel dreht
Im Schloss
Und
Ein lebendig Wesen
Sich kurz zeigte
Kurz blickend leer lächelnd
Und
Sich wieder schloss die Kirchenfestung

15. Oktober 2003

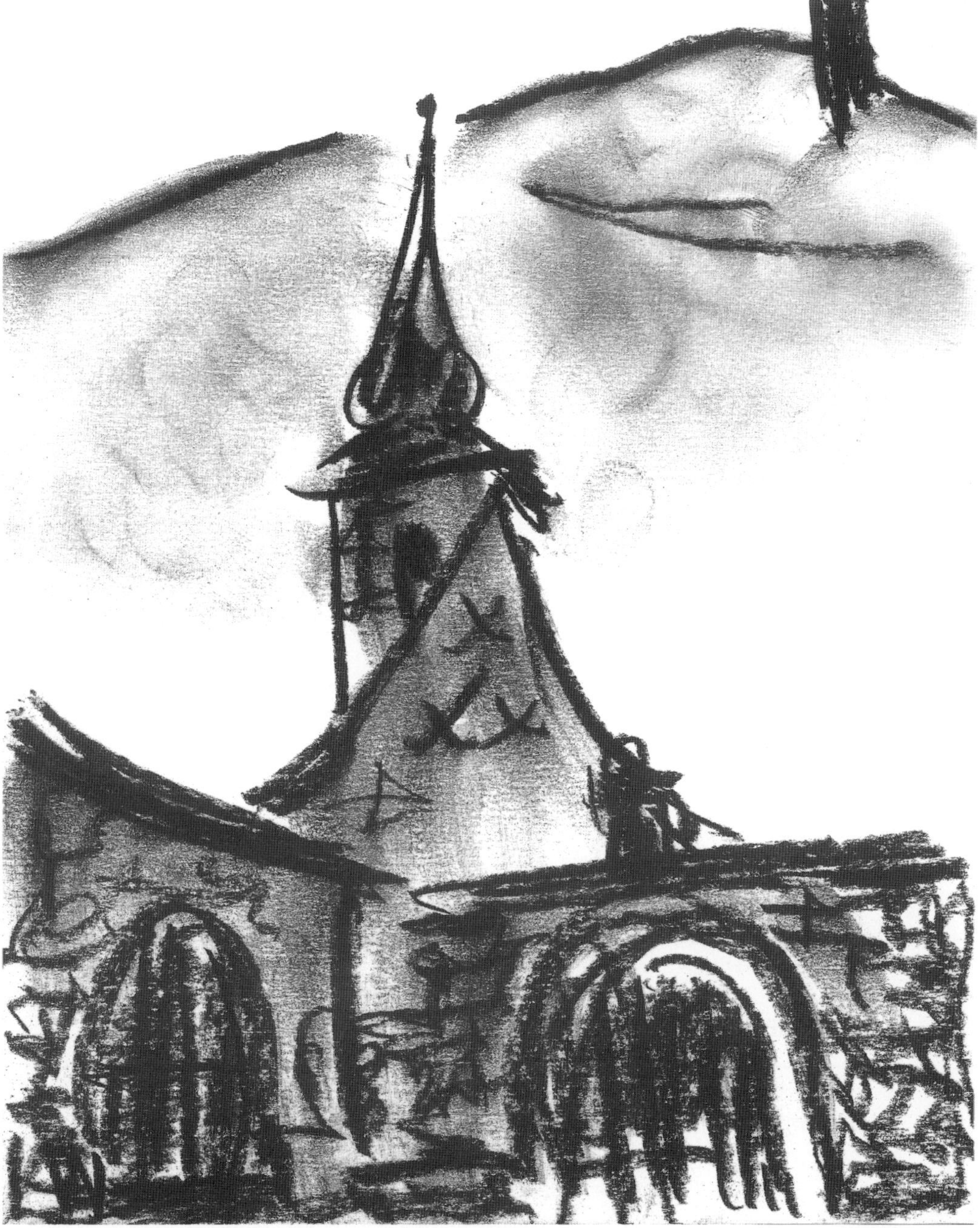

Der Frost kam wie ein Dieb in der Nacht
Ganz unerwartet und grausam
Für meine Pflanzen - die sanften

Sie neigten das Haupt und ließen ihr Blühen
Und ich fühl mich schuldig
Mit immer noch Sommergefühlen ...

Nun graut das Gras im Raureif am Morgen
Der Wein lässt los sein farbig Gewand
Die Blätter sie fallen auf Eis in der Tonne

Nun graut auch der Himmel im Nebel verhangen
Das Bangen steigt hoch vor den kommenden Tagen
„Wer jetzt kein Haus hat" so denkt nach der Dichter

Die Stille wird fallen - wie werd ich's ertragen

20. Oktober 2003

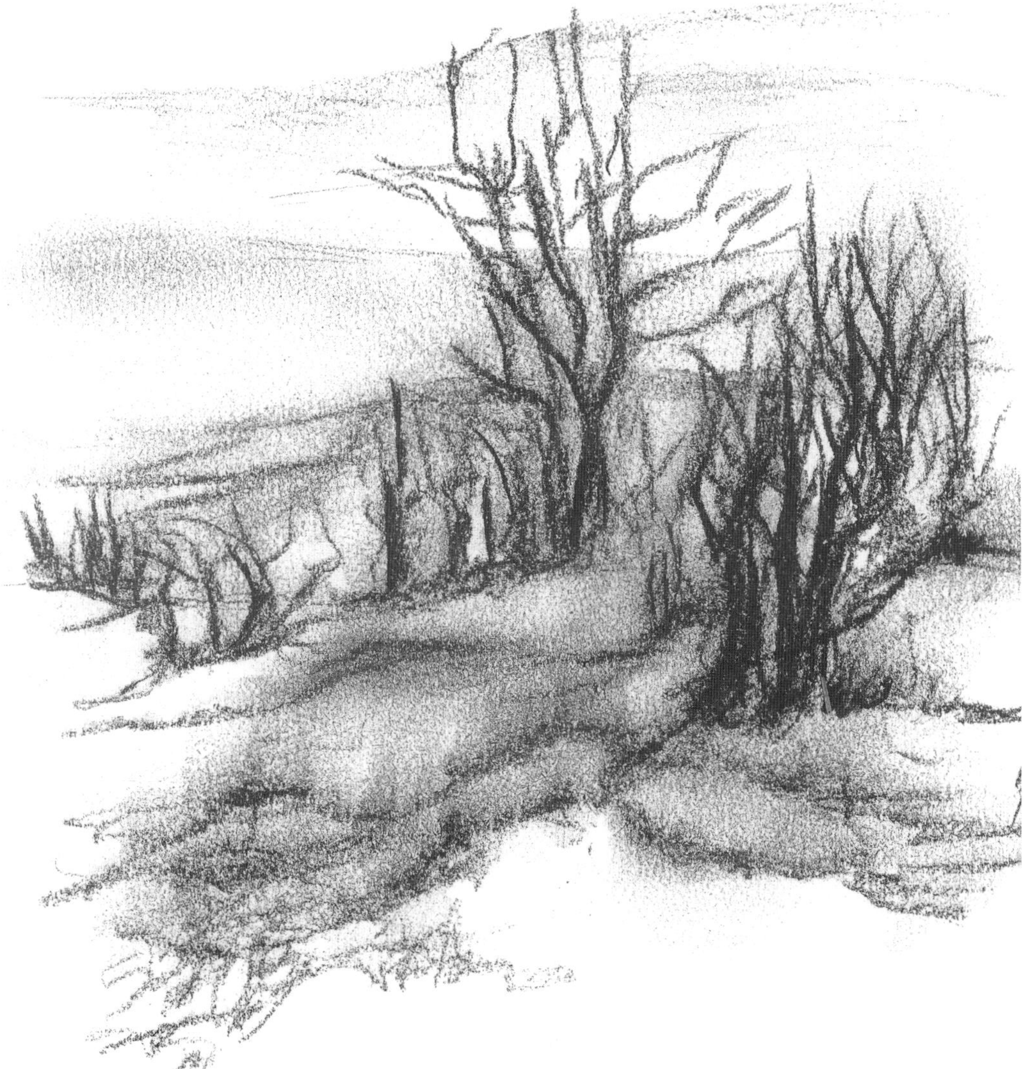

Heut schneit es Blätter
Aus türkis blau gläsern kaltem Himmel
Schnee soll schon liegen
So hört man ganz aktuell berichten

Doch hier ist bunt vor allem gelb
Der Boden dort wo Buchen stehen
Und leiser Wind
Umfächelt Wald und das Erinnern

Wie konnt man nur
Die Worte Wald und Buche schänden
Den Baum der farbfroh
Mich an die Jugend denken lässt

Dort hieß der Buchwald
Hoppberg
Wer weiß wohl den Namen zu erklären
Heut schneit es Blätter

Blätter schneit es heute
Auch von bunten Buchen
Erinnerungen fließen da zusammen:
Aus meiner Jugend und die mich bedrücken

25. Oktober 2003

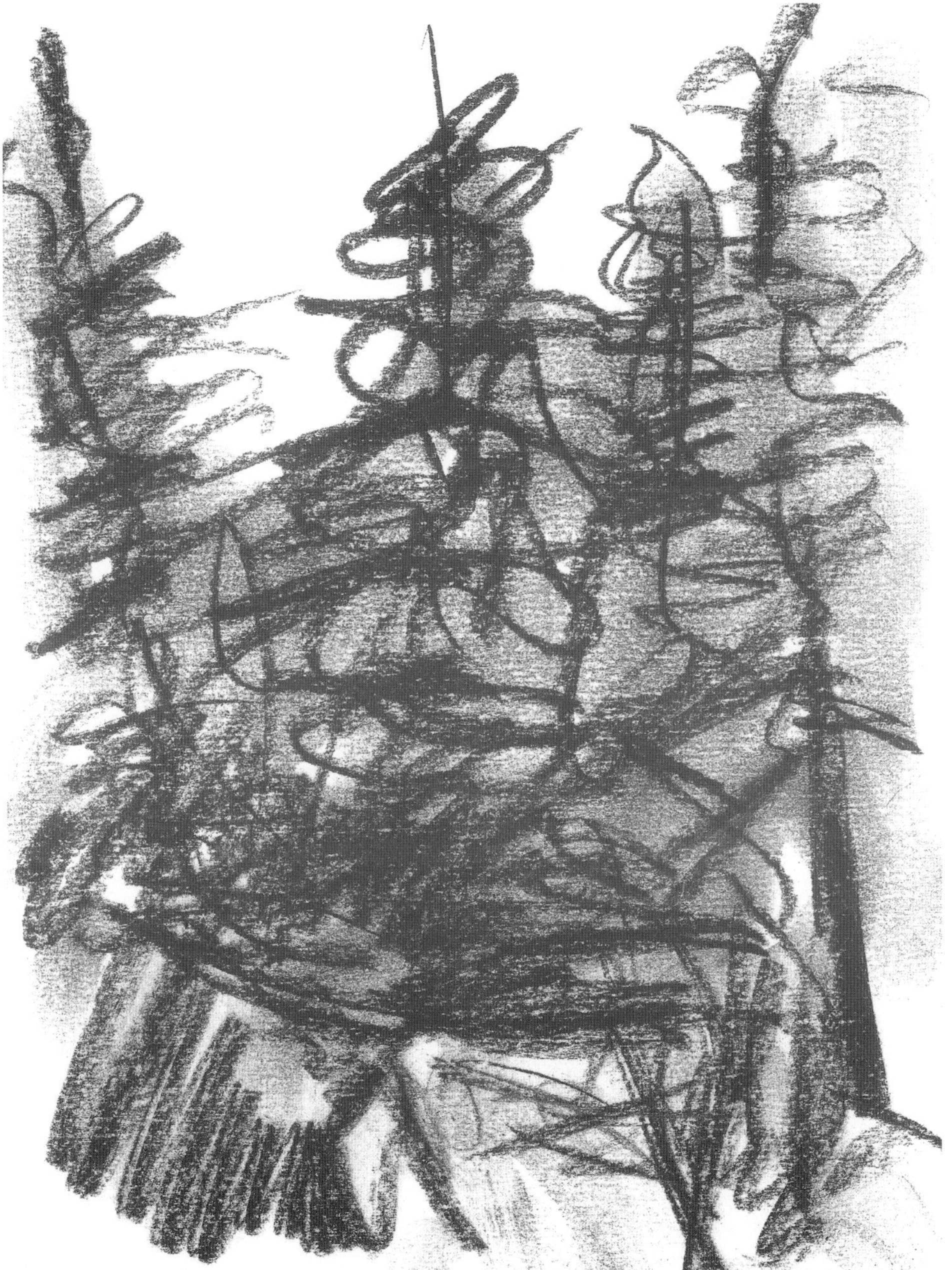

31. Oktober 2003

„Ein feste Burg ist unser Gott"
So dichtete der Mönch aus Wittenberg
„Ein gute Wehr und Waffen"

Was ist das für eine kriegerische Sprache
Leitet sie ein ein neues Zeitalter
Oder ist's die Sprache des Zeitalters
Von zweitausend Jahren

Nirgend auf unserer Welt gab es so viele Kriege
Als hier wo diese Sprache so typisch
Fanden die Historiker

War Jesus Christus der Sohn Gottes
Ein Kriegsgott
Weil so groß die Zahl der Kriege
Die geführt in seinem Namen

Was oder wer treibt
Uns an
Im Namen Gottes
Das
Nicht zu tun
Was auch der Mönch aus Wittenberg
Uns eigentlich sagen wollte

31. Oktober 2003

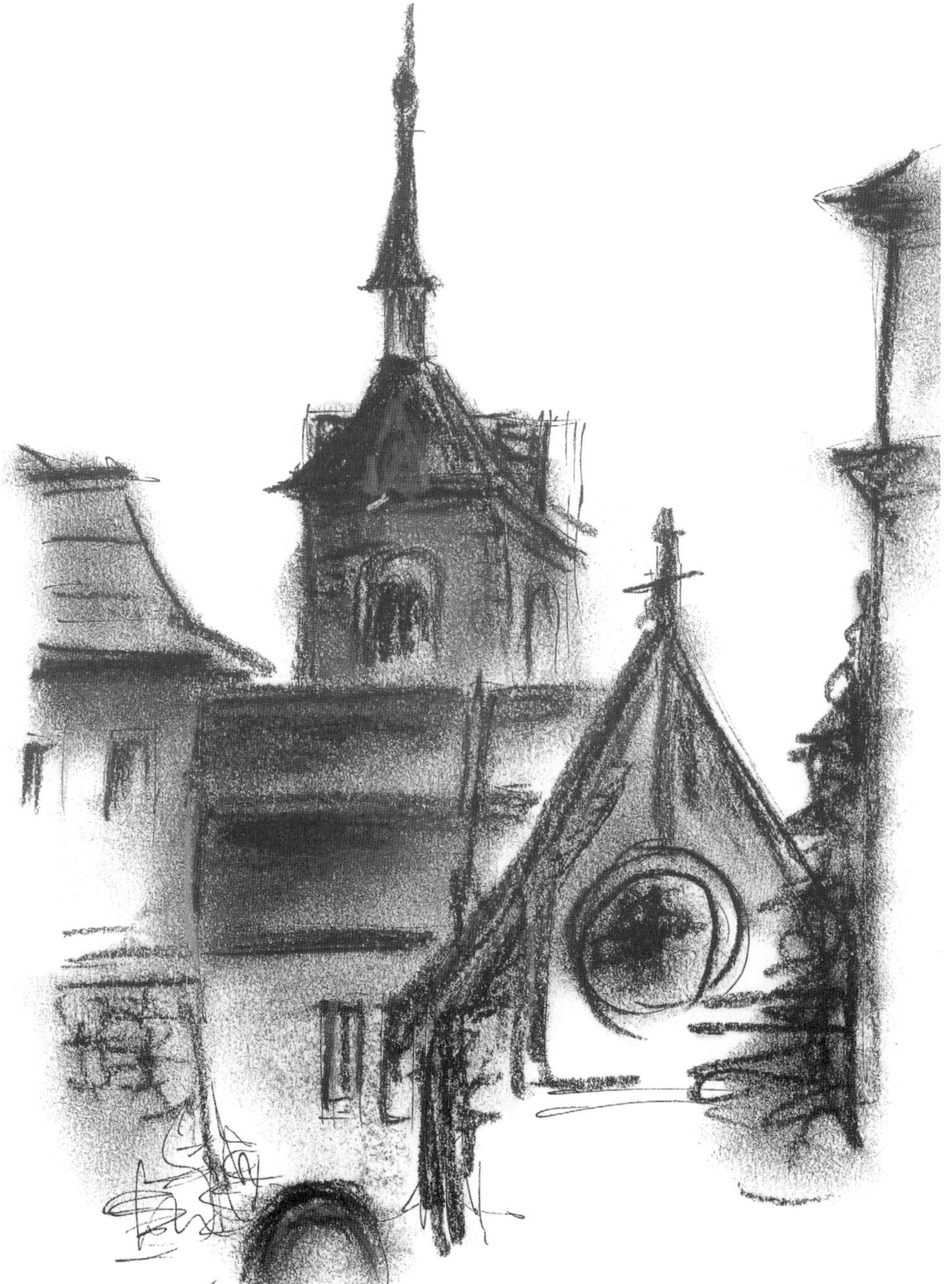

9. November 2003

Es gibt so Tage
Die im Kopfe bleiben und im Herz
Verankert dort
Wie
Bleigewichte oder Tränen voller Freude

Und heut ist der Tag im trüben Herbste
Voller noch
Als Blei und Freudentränen

Wie viel mal war der Tag schon
Voll mit Last und Tod und Schuld und Sturz von Macht
Und
Spannt
Wie
Eine Kettenschnur Geschichte
Die uns bindet

Nie mehr gelingt uns aufzulösen
Diese Bindung
Die Jahrzehnte dauert
Voller Schmerz und schließlich auch so voll von Lust

So bleibt uns Hoffnung
Auf die Zukunftsherbste
Wo nicht neuer Schuldberg
Uns die Tage trübe
Und wo Sonne
Überwindend kalten Nebel
Kindern Licht und Wärme spenden möge
Die schon leben

9. November 2003

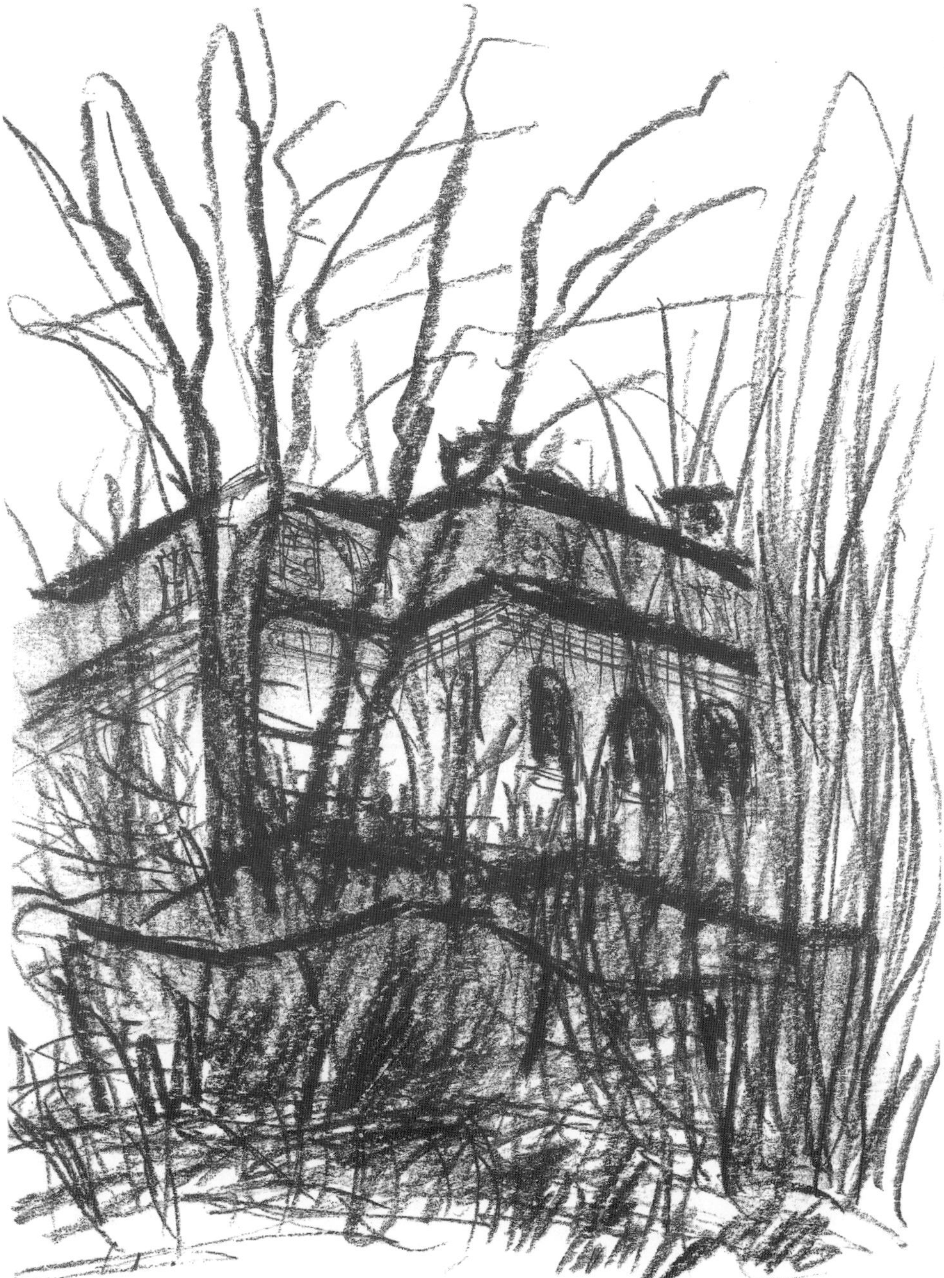

Eis glitzert auf Hecken und Gräsern
Im Sonnenlicht
Das vom Osten einfällt

Über dem Hügel zieht Nebel
Als Geisthauch
Und schwebt durch das Feld

Der Berg liegt im Schlafe
Erstarrt auch
Von Kälte die tief dringt

Kein Mensch kann hier leben
Das spürt man
Der Berg will allein sein mit sich

12. November 2003

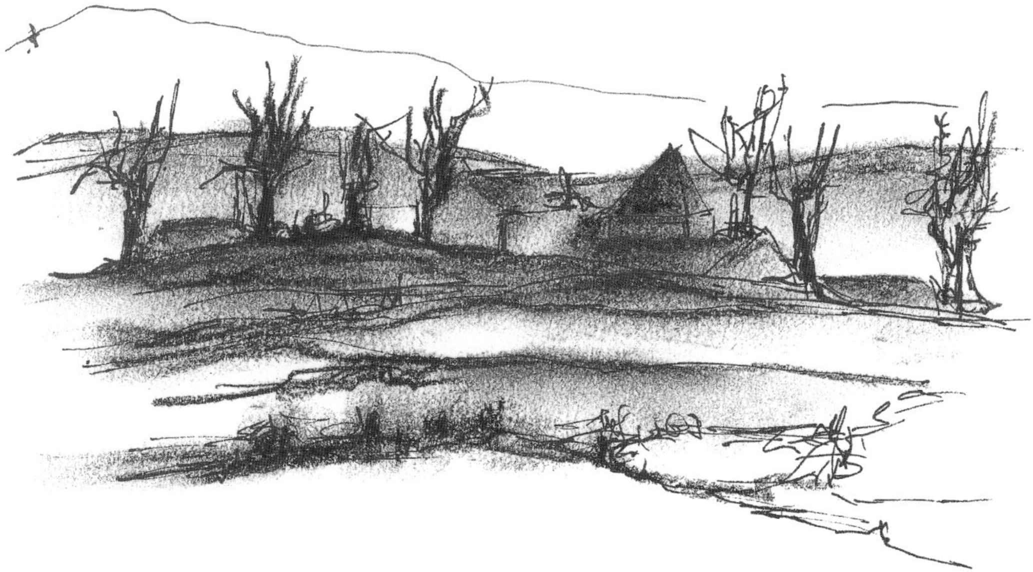

Trübe nass verhangen
Schleicht der Nebel über den Berg
Trübe blass und kraftlos
Schleppt das Gemüt sich durchs Tal

Schlaf wäre gut jetzt
Und Hoffnung auf neues Erwachen
Warum kann auch ich das nicht tun
Was die Natur sich gestattet

17. November 2003

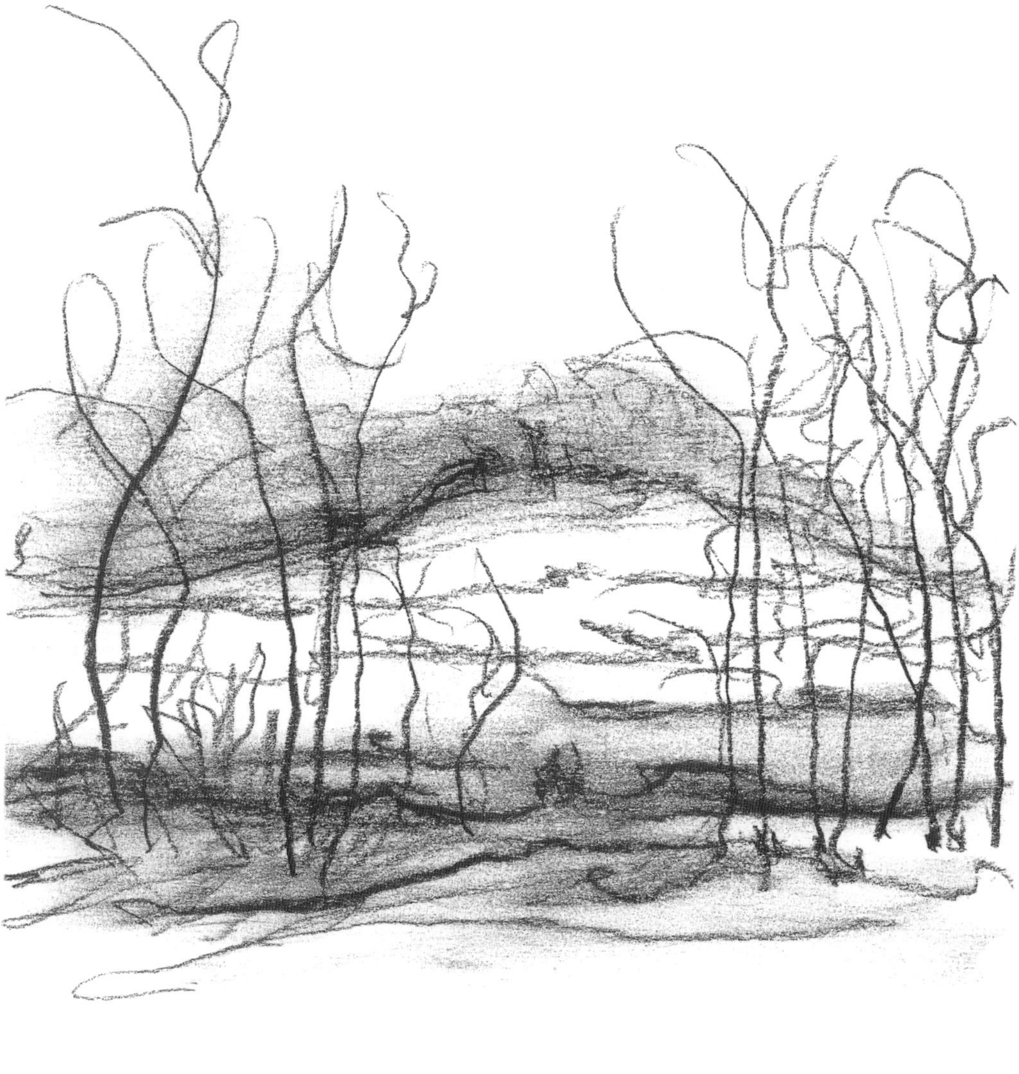

Heut aber weht ein warmes
Hoffnungsvolles
Südlich leuchtendes
Novemberlicht
Über
Feucht dunkelglänzende Äcker
Und
Sanftgrün schimmernde Wiesen

Gelbbraun scheckige Kühe dampfen
Mampfend am Wiesenrain
Himmelwärts kreist hoch der Habicht
Die Maus erspähend
Die kein menschlich Auge
Kann sehen

Die Seele möcht sich weiten
Überspringen die Tage der Nacht
Die unaufhaltsam kommen

Denk heut und nicht morgen
So rät die Vernunft
Und:
Nimm an
Dies sanfte Novembergeschenk

21. November 2003

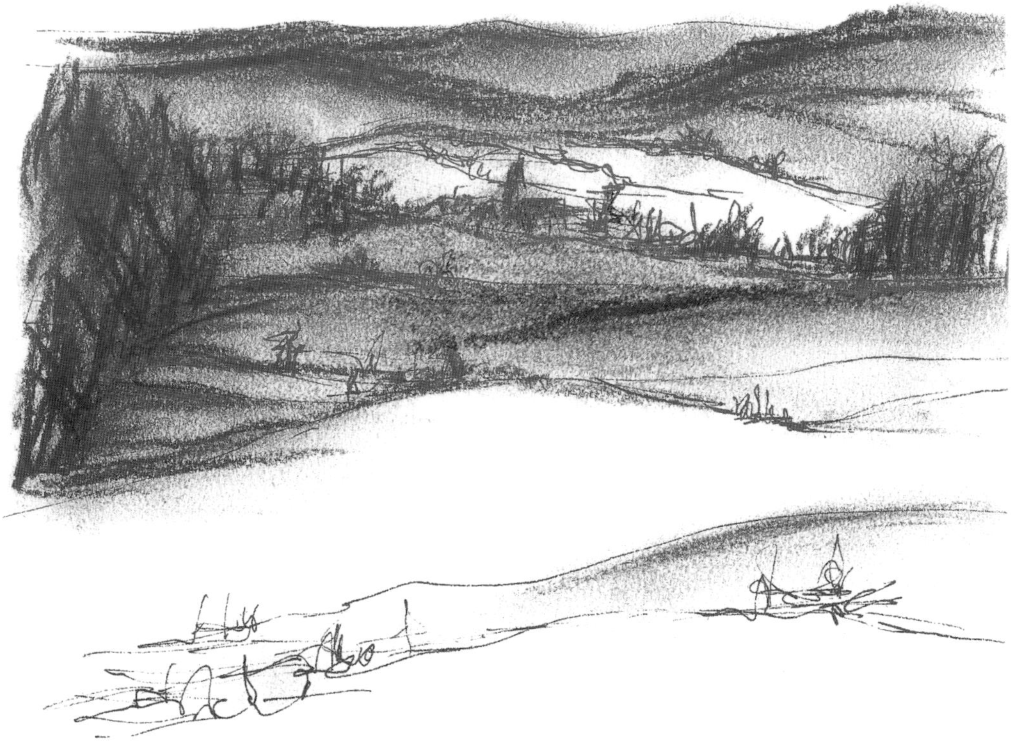

Das Jahr neigt sich
Der Himmel weiß nicht
Ob er lachen
Oder
Weinen soll

Die kurzen Tage sonnenvoll
Und blendend grell
Beginnen spät und enden früh

Das Jahr auch voll
Und grell und heiß
Und
Schenkt uns ein Dezemberlicht
Selbst in der Nacht
Wenn Luna wacht
Konturen schneidet
In das Land
Das Schatten wirft
Sehr lang und dicht

Dezember ist wie eine Uhr
Die zeigt uns
Unsre Lebensspur
Das Lachen und das Weinen

Im grellen Licht
Von Mond und Sonne
Wird wahr und klar
Wo Trauer war und Wonne

9. Dezember 2003

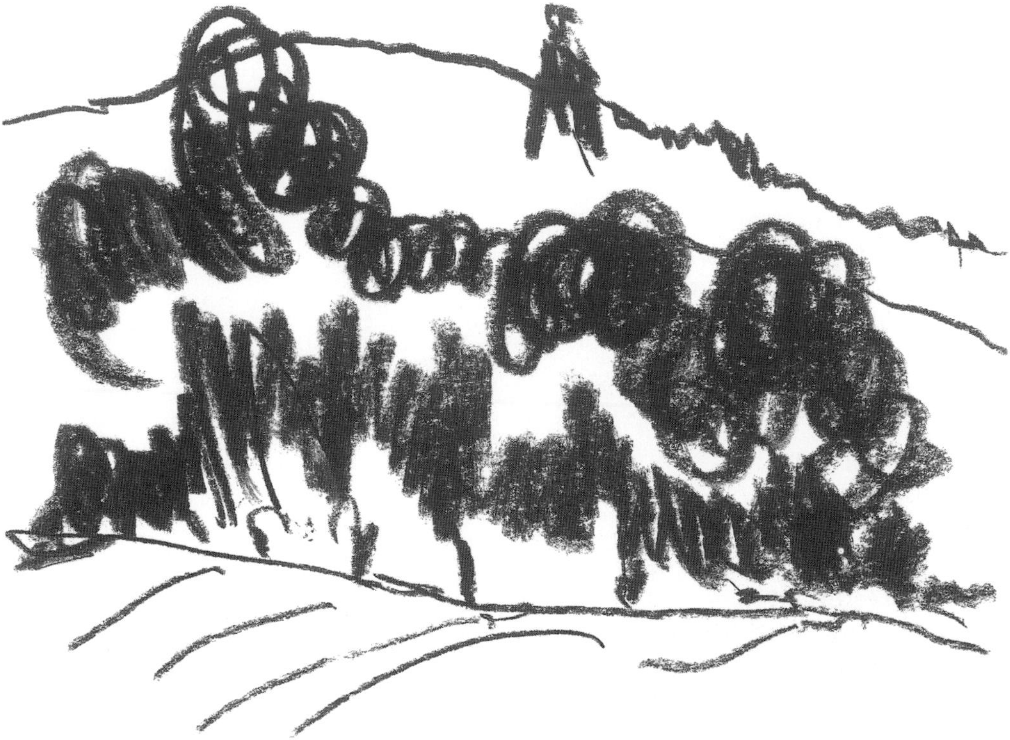

Zu Jorge Sempruns 80. Geburtstag

Er kam ins Lager im Jahr 44
Er stand wie die Anderen
Tag für Tag vor den Schergen
Er sah die Buche
Die Goethes Namen trug
Und sah ins Gesicht der Peiniger

Er roch die Schwaden
Der Leichenverbrennung
Er registrierte Tod und Vernichtung
Er stand ein für ein besseres Leben
Er kämpfte als Kommunist und blieb es nicht
Er blieb aber ein Mensch

Heut verneigen wir uns
Vor Jorge Semprun

10. Dezember 2003

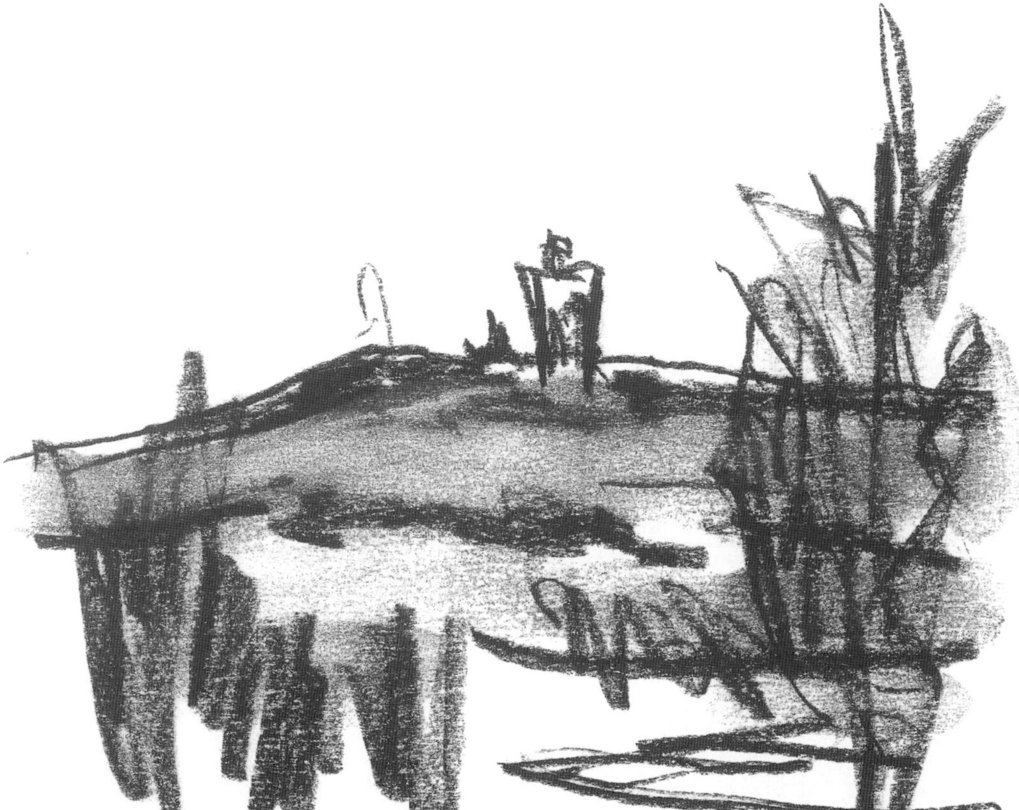

Wir fuhren weg vom Berg
Um besser nah zu sein
Und sahen die Konturen
Klar im Licht der Wintersonne
Dort standen wir
In Trümmern alter Waffen

Die Landschaft vor dem Berg
War eine Wüste rostend
Und voll Neunatur
Sie deckte zu die Asphaltpisten
Auf denen Panzer einst
Hinrollten

Und dort - nicht fern -
Im Vordergrund der Berg
Mit seinem Mahnmal oben
Das sich reckt
Potenz ausstrahlend
Die noch immer schaudern macht

Und hinter uns nur wenig Schritt
Da kratzen emsig brave Bürger
Ihren Garten
Versteckt durch Zäune die sie scheinbar schützen
Vorm Denken an das was da war

Im Herzen wach
Doch nicht bei allen
Die hier leben
Hier am Berg
Kurz hinterm Kriegsrost
Bleiben Trauer Scham
Und
Nichtvergessenkönnen

29. Dezember 2003

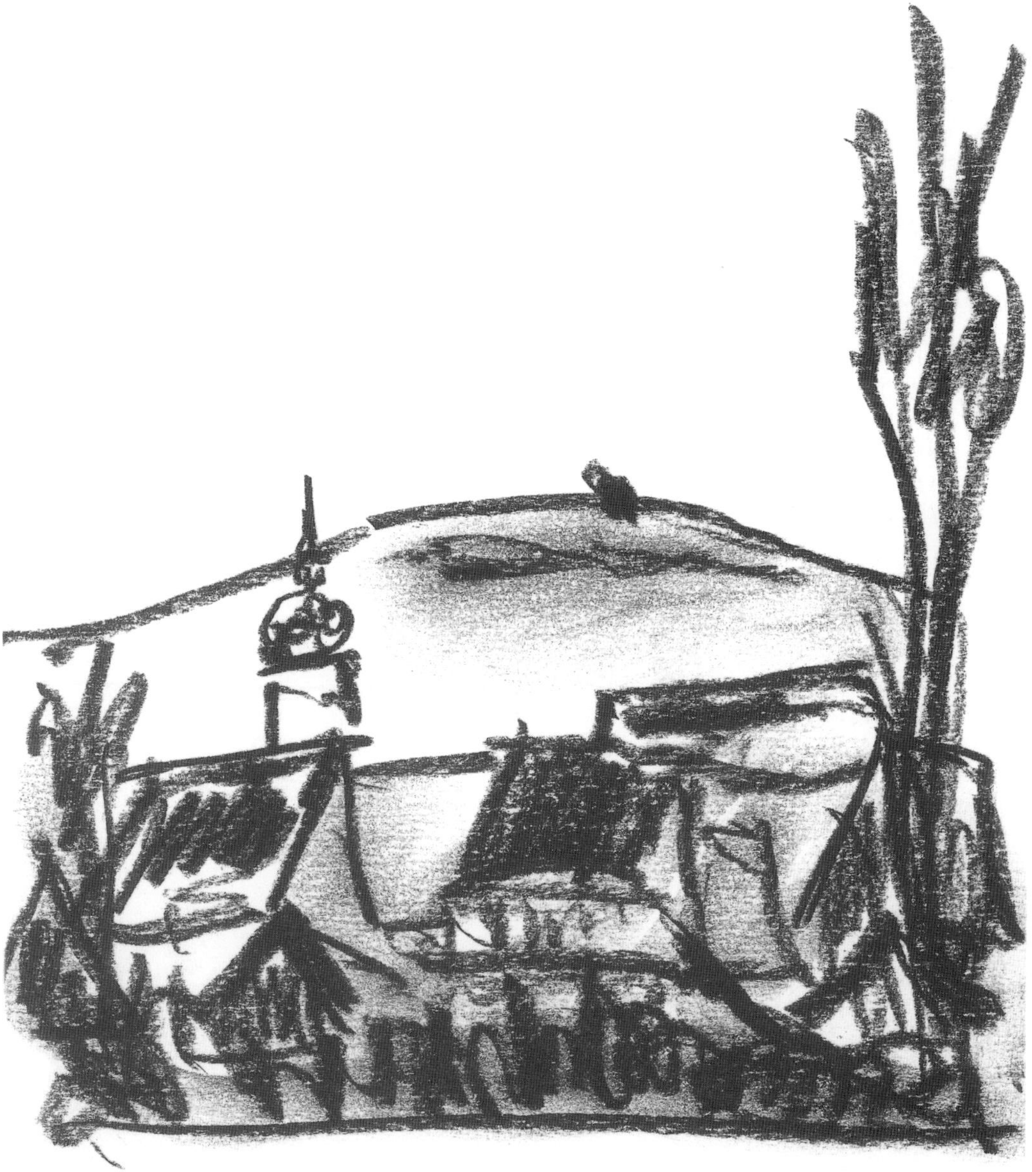

Geisternächte sind es jetzt
Vom Mond erhellt die ganze Nacht
Egal ob Wolken oder Sterne
Im Schnee die zarren Bäume
Und die Schatten
Die lang sich dehnen über Feld und Wiese

Geisternächte sind nicht gut zum schlafen
Aber wachen, träumen
Und
Gedanken kommen gehen bleiben

Geisternächte waren schon im letzten Jahr
Wie war das damals
Und wie ist das heute
Wie auch wird uns das Jahr nun diesmal sein

Die Geisternacht geht über in den grauen Tag
Bis dort im Ost das Purpur
Breit sich macht als Vorglanz eines neuen Tages
Der seine eigne Kraft entfalten wird
Und wegschiebt
Alle dunklen Geister
Wenigstens für diesen Tag

10. Januar 2004

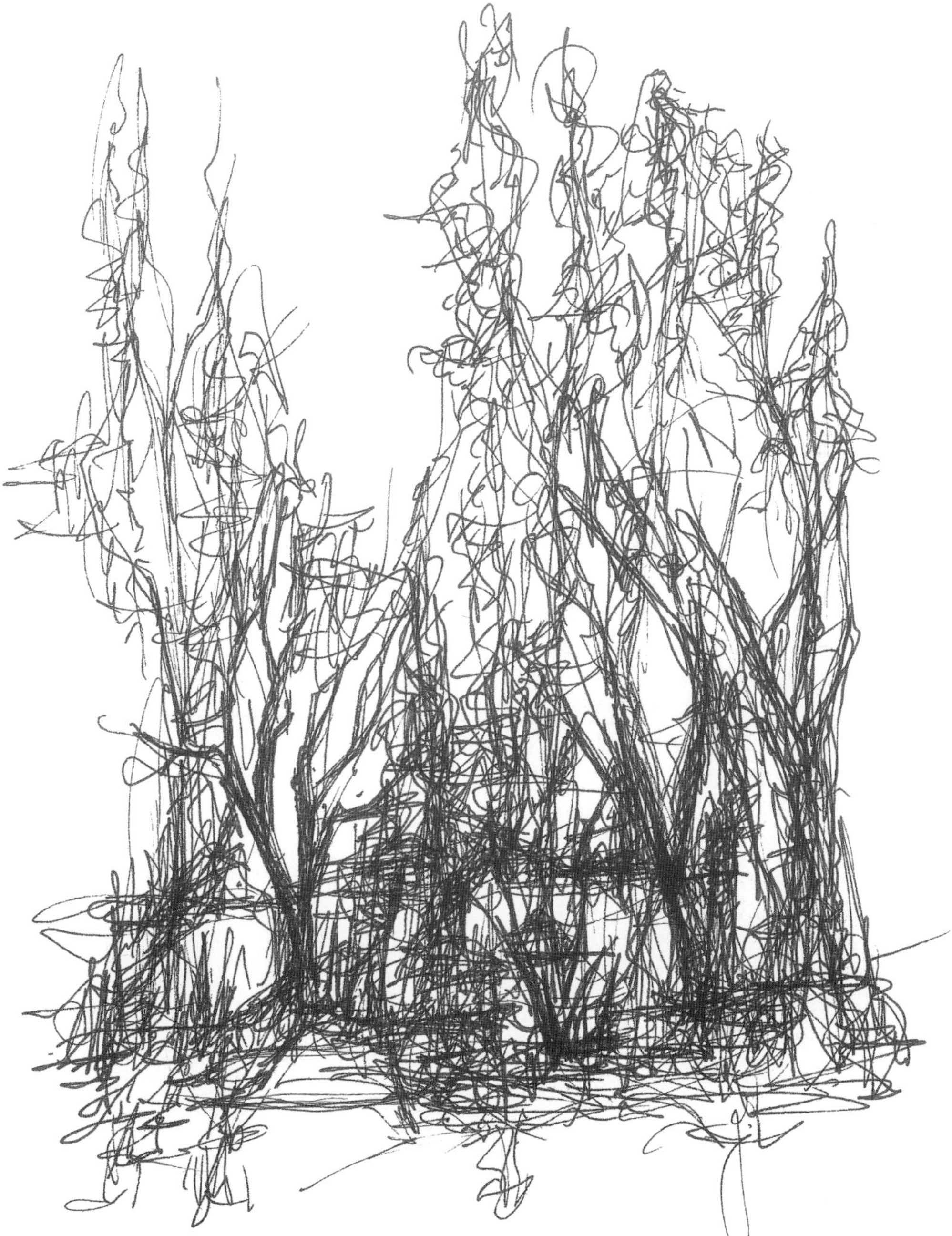

Was war das nur für eine Nacht
Hinein in winterklare Kälte
Fuhr Sturm und Regen
Ganz plötzlich
Und
Verwandelt alles schnell
Und unaufhaltsam
In ein klirrend, glitzernd Eis

Der Schnee, die Bäume
Auch die Fenster und die Wände
Sie waren
Eingebettet in ein Eis
Erstarrt das Leben
So als wäre das normal

Und früh am Morgen
War der Spuk verschwunden
Wie zart von Zauberhand
Ein laues Lüftchen
Schwappt den Berg hinunter
Dort die Stadt der Dichter grüßend
Auch die andern
Die vom Spuk der Nacht
Nichts merkten
Wie so üblich
Wenn's um Übel geht
Das hier gebraut wird

7. Januar 2004

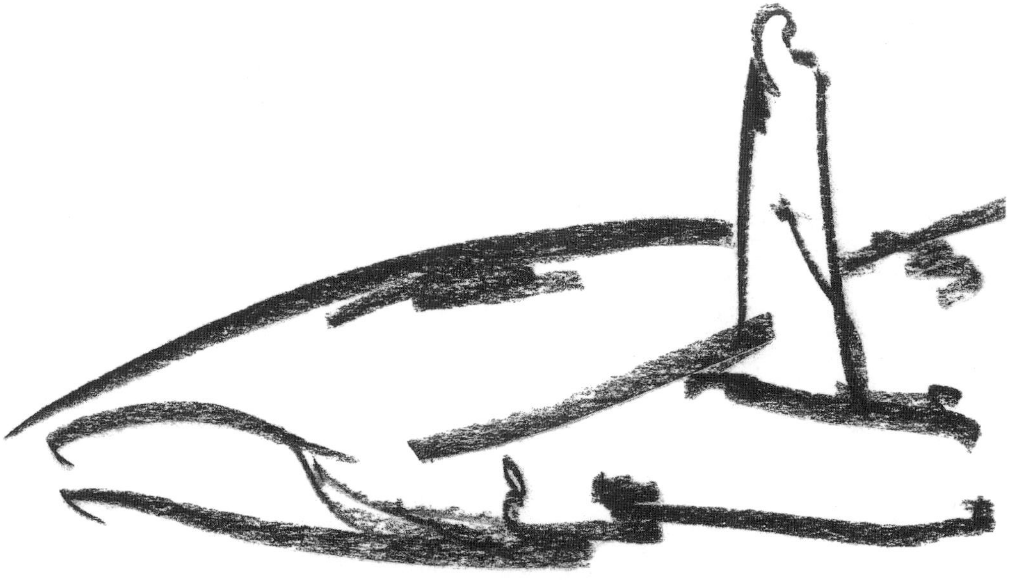

Und wieder hüllt der Berg sich ein
In Nebelschwaden
Erde und Himmel sind eins

Bis plötzlich sich der Nebel hebt
In Zauberweise
Klar werden Felder und Turm

Die Natur lädt zum Schauspiel
Uns Menschen
Und handelt auch ohne uns so

Der Berg der hat eigne Gesetze
Die gelten für ihn nicht für uns
Als Zuschauer dürfen wir staunen
Nicht mehr als das stehet uns zu

26. Januar 2004

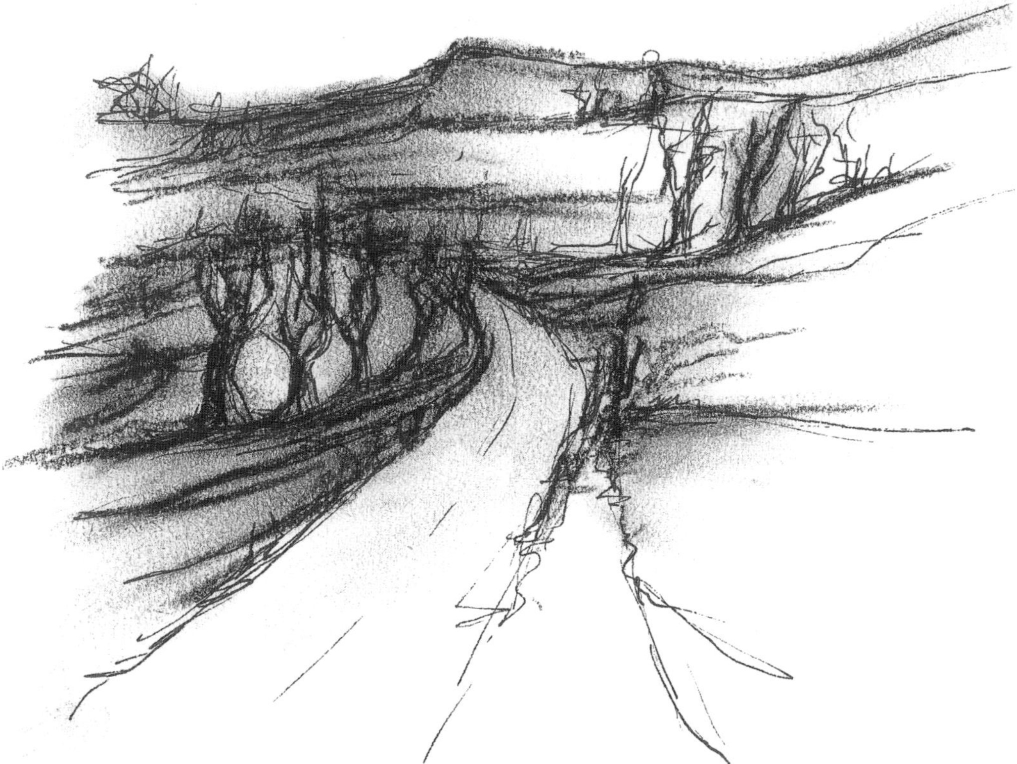

Kalt, kahl und grau
So zeigt sich heut der Berg
Im Februar
Der Wind beißt unbarmherzig
In die Augen und die Haut

Wie haben sie gelitten
Damals auf dem Platze
Auch im Februar
Beim Stehen stundenlang
Genannt „Appell"
Wenn gleicher Wind
Die Tausende durchfuhr
Und schüttelte

Am Waldrand seh ich
Raureif hängen
In den Bäumen
Als ob die Bäume
Eingewattet sind
Im Winterschlaf

Hier ist der Mensch
Nur Eindringling
Und sollte gehn
Hinab in seine Mauern
Also denk ich
Und lass den Zeichenstift
Und auch den Berg
Erahnend seinen Willen

17. Februar 2004

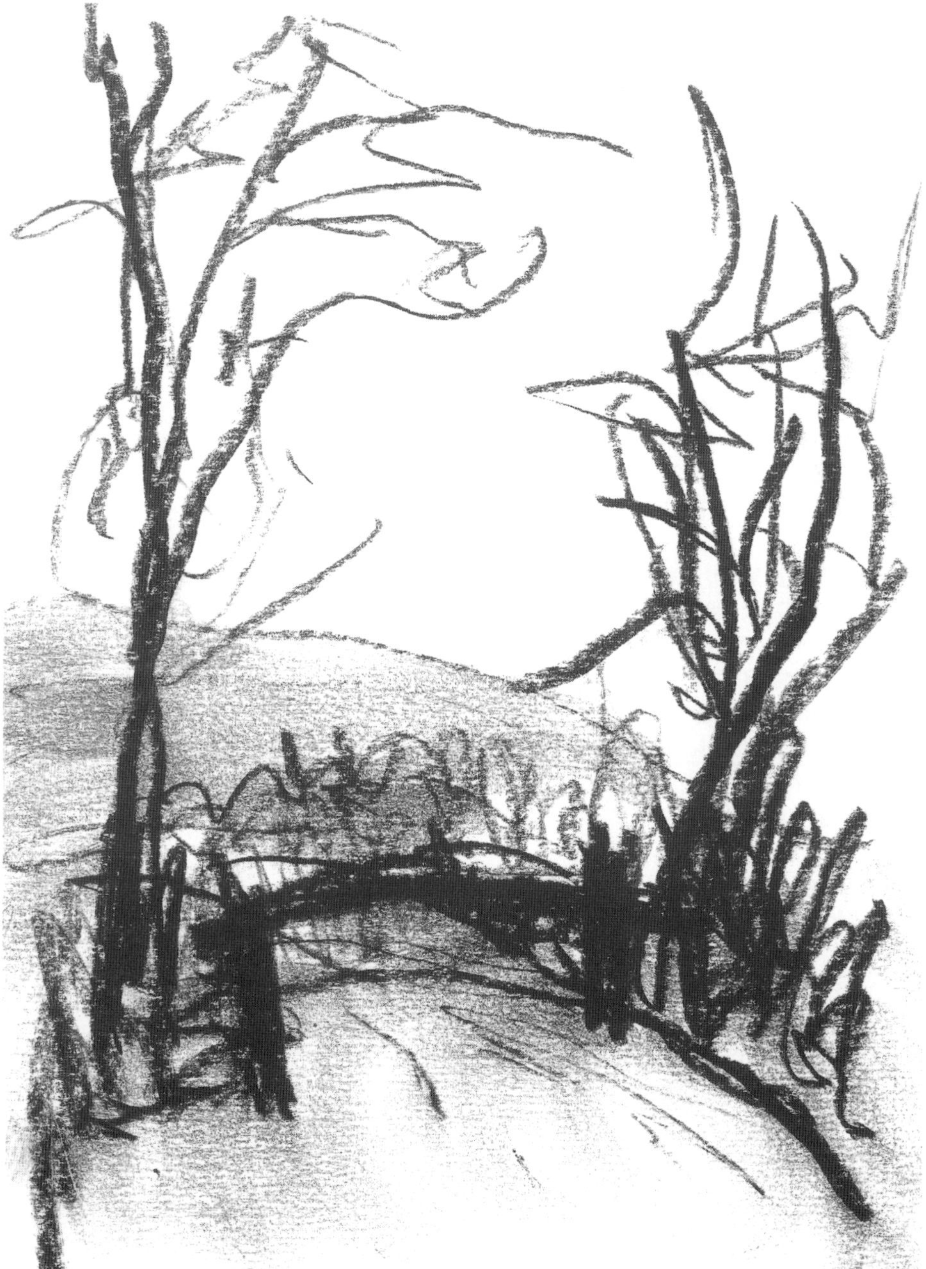

Auch heute fegt der Wind
Als sauge er das Leben fort
Die Erde kahl und kalt
Hier ist kein Wohlfühlort
Kein Ort wo Leben leben kann
Und darf

Hier lebt die Vorzeit
Oder ist der Ort
Von andren Sternen
Die - so heißt es - ohne Wasser
Sind und möglich schon
Mikroben lebten
Vor Millionen Jahren

Was ging, was geht in Kreaturen vor
Die solchen Ort erfanden
Um nur zu quälen andere Menschen
Der Ort so greifbar nah und sichtbar
Vor der Dichterstadt
Und fern und kalt gefegt
Zugleich

8. März 2004

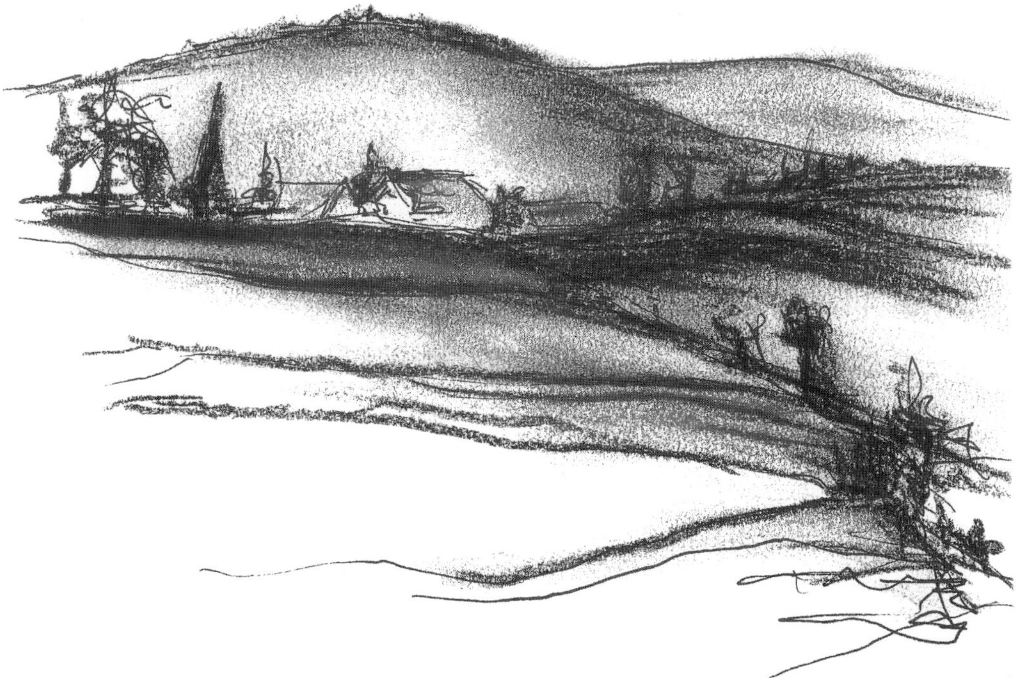

Der erste Schmetterling
Wagt heut sich in die Sonne
Begrüßt die Krokus und den Grashalm
Und das Licht

Ich möchte Reime schmieden
Schmieden Sonne-Wonne
Und denke nach
Und tue es dann nicht

Mir geht es wie dem Falter:
Taumelnd schwingen
Doch steckt sie in mir noch
Die Kälte und das Nebellicht

Am Horizont da singt sie schon
Die Lerche
Und dort im Apfelbaume
Da übt ein Amselpaar

Nun trau dem Himmel und der Erd:
Nach Schlaf kommt Leben wieder
Die Zeit ist nah
Wie immer
Auch in diesem Jahr

19. März 2004

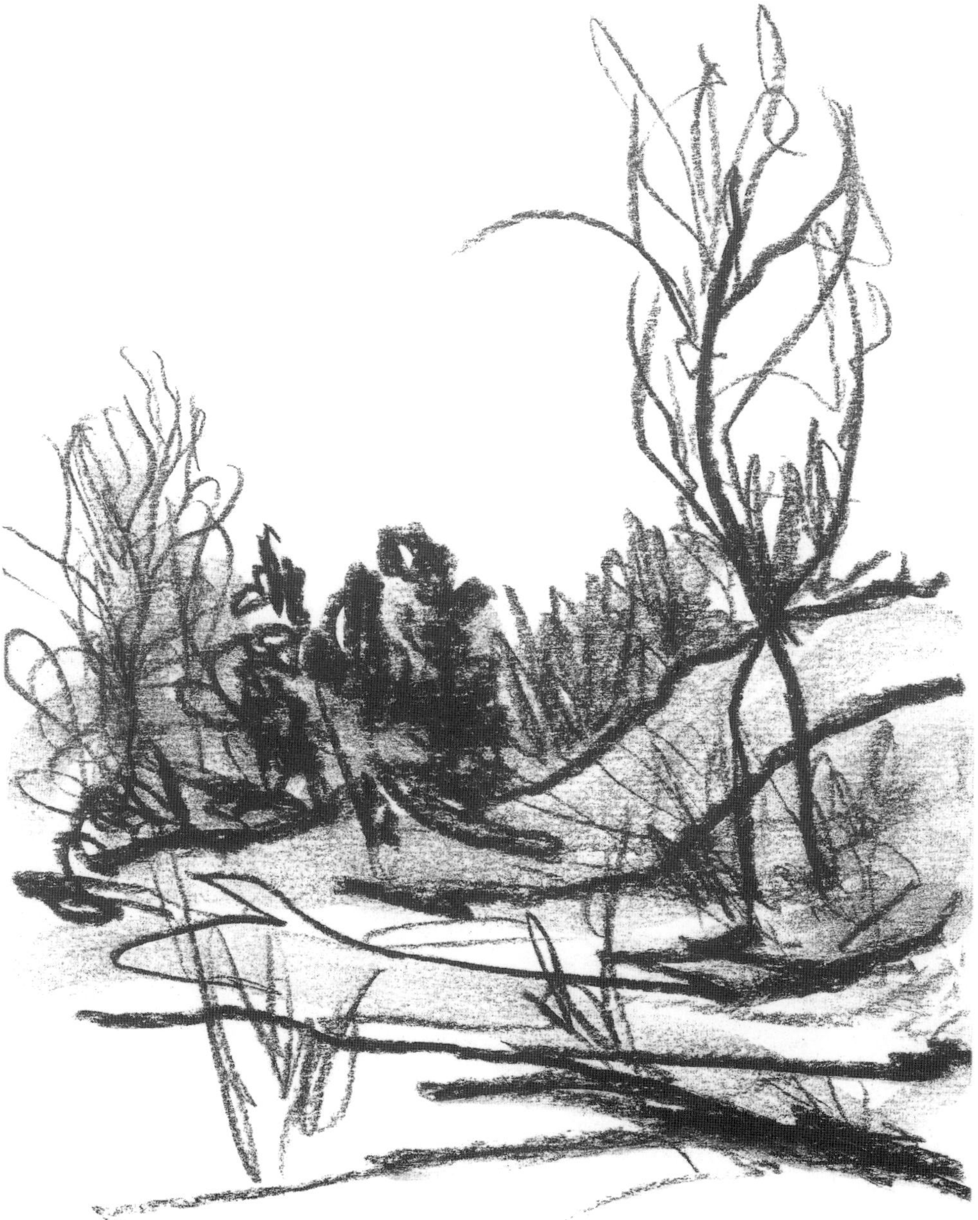

Und wieder kommt der Frost
Und treibt den Frühling fort
Nicht weit vom Berg
Da wirbeln Flocken im Gebirge

Leicht tupft das Grün
Und wagt sich zwischen Steinen
Hervor noch zitternd vor den Winden
Kalt und heftig

Schon kroch ich aus der Hülle
Doch nun schreck ich
Denn Wärme nicht und
Licht erfüllen das Erwarten

„Was lange währt" so hört man
sollte gut dann werden
Geduld - Geduld? -
So tröste ich mich schlecht

25. März 2004

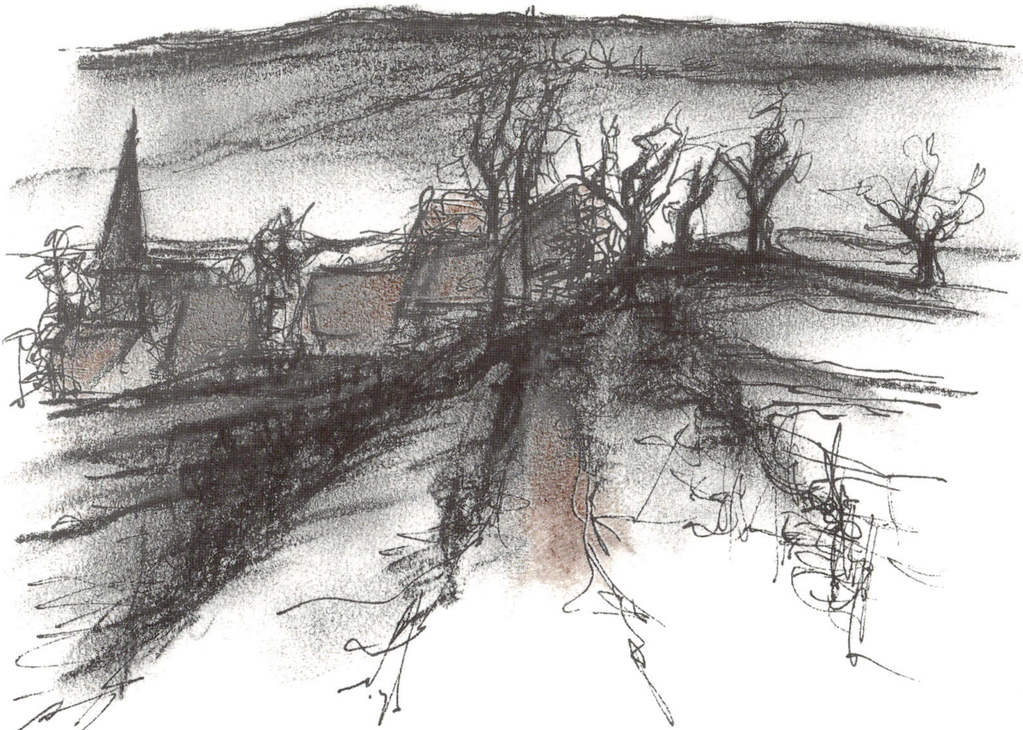

Voll ist das Hirn von Gewesnem
Geschichte da und dort
Ist es das Los nun des Alters
Denn die Jungen fühlen sich frei

Wer denn von uns lebet heute
Jetzt wo das Herze pulsiert
Hier wo das Leben ganz voll ist
Hier wo die Sonne jetzt scheint

Wirf weg das Wissen von gestern
Wirf es ein wenig nur weg
Nimm wahr der Himmel ist offen
Das Leben das findet jetzt statt

27. März 2004

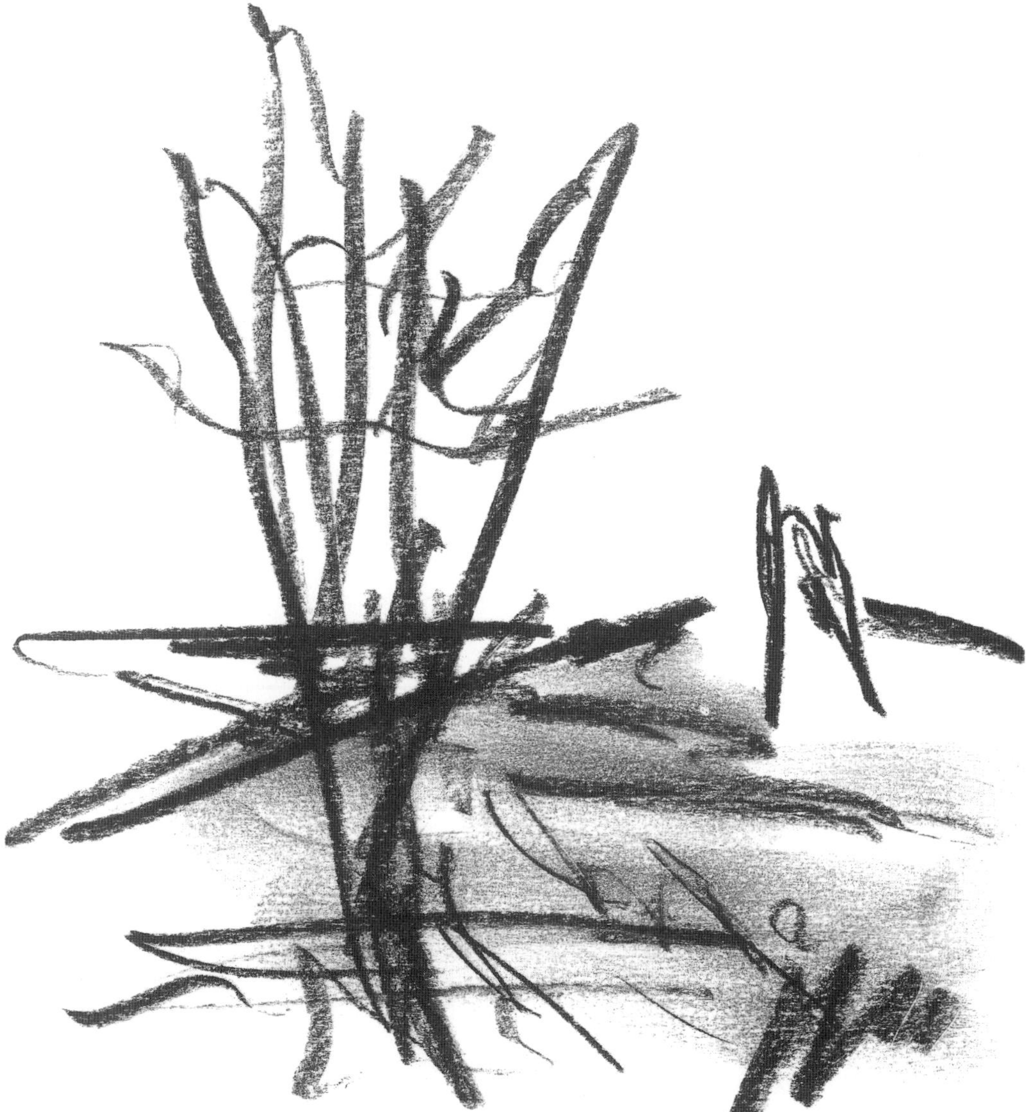

1. Mai 2004

Im Flockenwirbel von Apfelblütenstaub
Tanzt der Mai unter Himmelsblau
Im warmen Wind

Auch der kahle Berg trägt Schlehenweiß
Und färbt sich ein in Grün
Braun Gelb und Rot

Die Seele schwebt so wie im Wundertraum
Und labt die Haut im Sonnenlicht
Auch dieses Jahr

1. Mai 2004

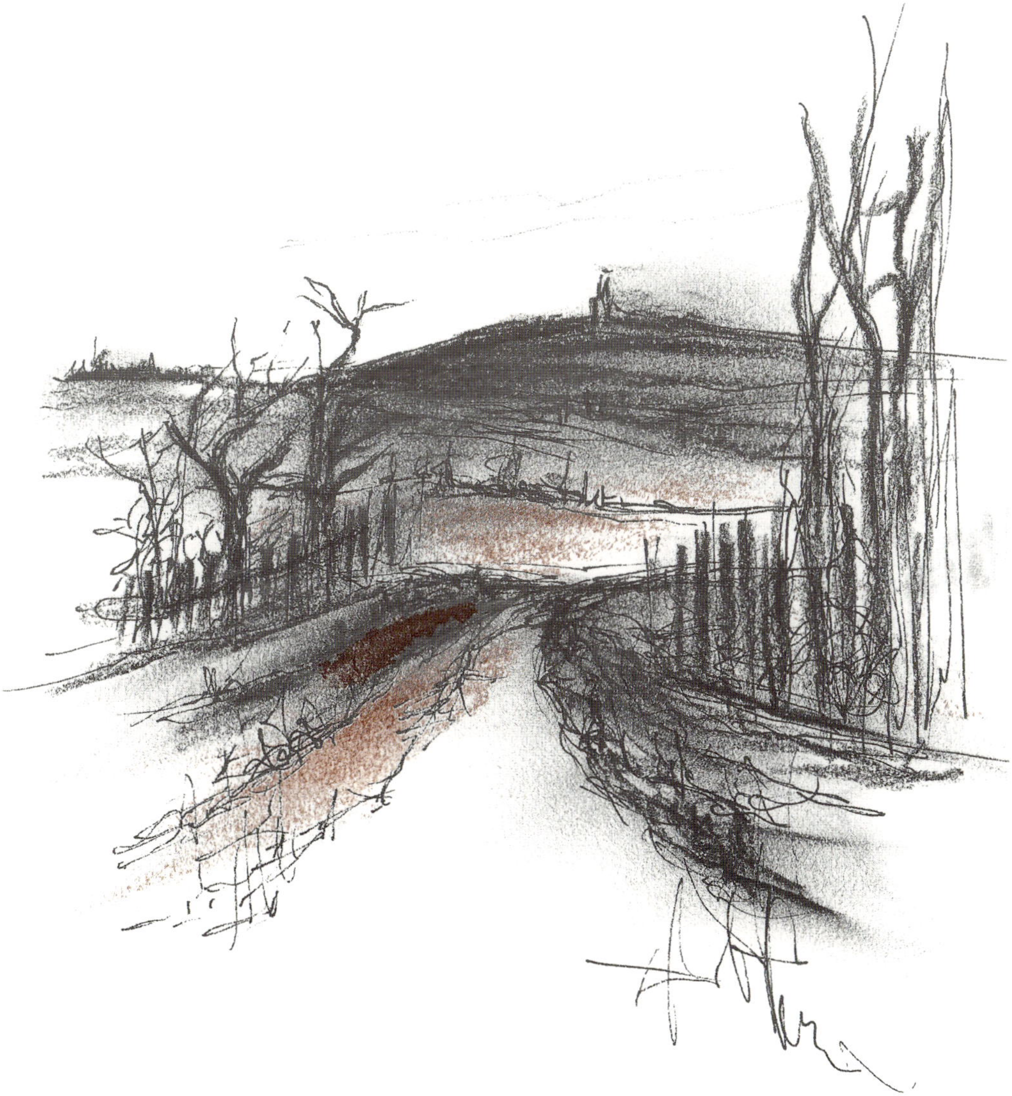

Vom Süden her flieg ich
Und
Unter mir ist er
DER ETTERSBERG

Im Reisegepäck
Des Meisters Meister-Wilhelm
Und
Tief rührt mich
Des Dichters
Welt- und Lebenssicht

Wie gut wär es
Zu leben
So
Wie es der Große uns skizzierte

Doch
Wohin drehen diese Welt
Die Menschen
Unsrer Tage

Ich flieg vom Süden her
Und unter mir der Ettersberg
Und
Schweige

14. April 2004

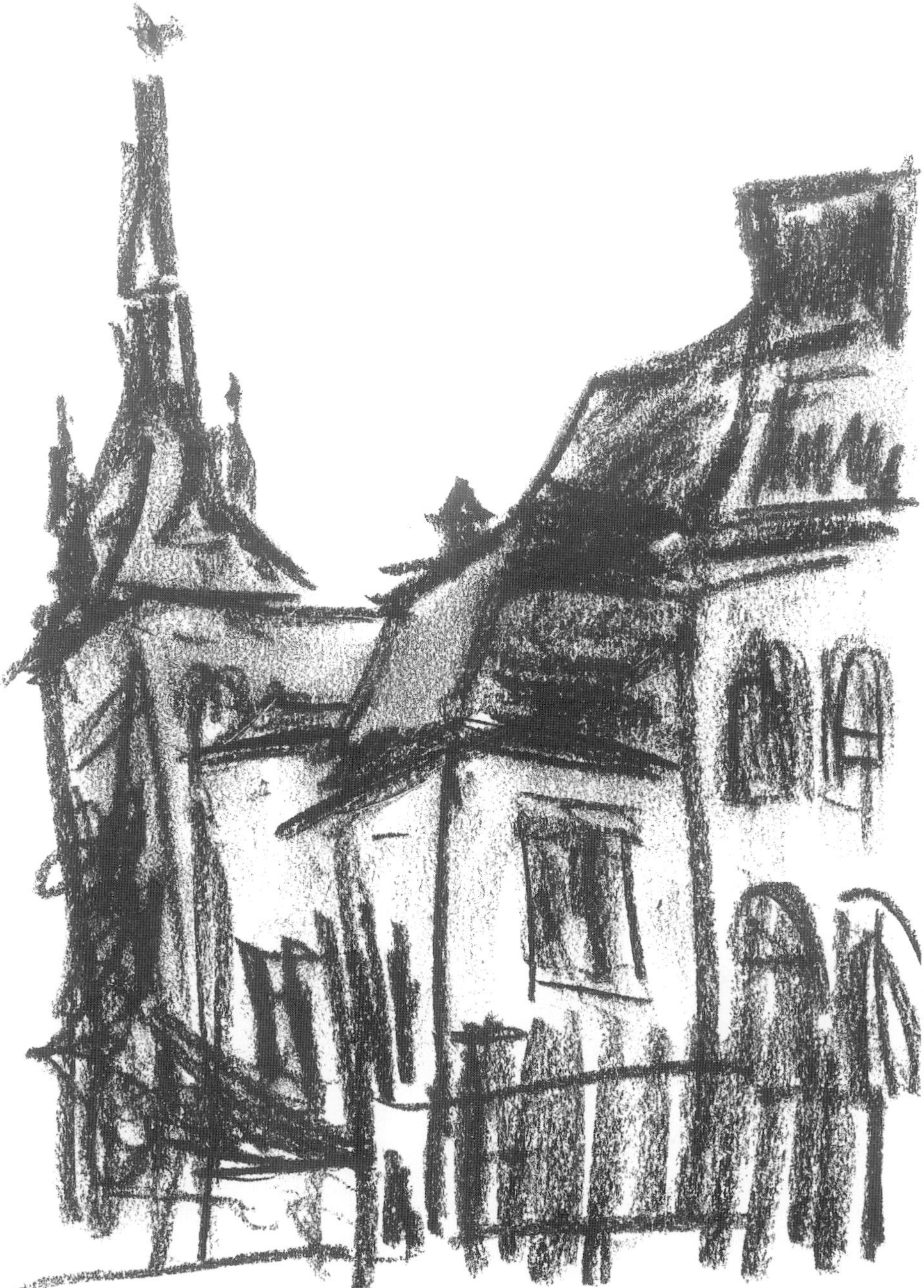

Grau ist der Himmel
Und kalt der Regen
Den die Heiligen des Eises
Auch dieses Jahr schicken

Kein Sonnenstrahl wagt sich
Den Himmel zu löchern
Der bleiern und schwer
Seine Wolken entleert

Und Blüten der Bäume
Sie neigen sich tropfend
Entbehren die Bienen
Wohl hoffend auf Früchte

Auch wir hoffen täglich
Auf Sonne und Segen
Und Leben und Werden
Vergessen und Abschied
Von Starre und Lähmung

12. Mai 2004

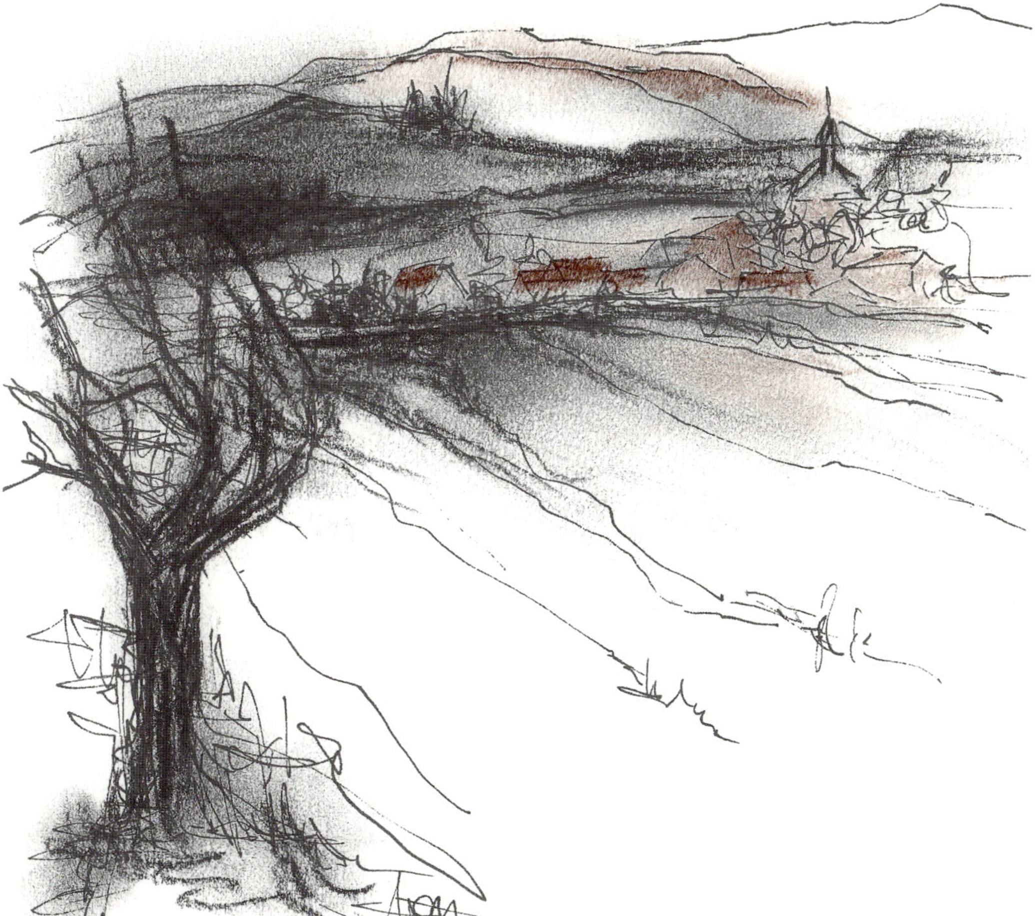

Bilder von Rahel Klassen sind auf den Seiten:

7	71
11	75
15	79
19	85
22	88
27	93
31	97
37	100
43	109
47	112
51	177
55	121
59	125
63	129
67	

In der Reihe „Land und Leute • Texte und Bilder aus dem sächs.-thür. Kulturraum"
erschienen bisher:

Band 1	Christoph Schwabe / Ulrike Haase **Johann Sebastian Bach. Die Kunst der Fuge in Bildern von Christoph Schwabe und Texten von Ulrike Haase** ISBN: 3-933358-60-4
Band 2	Christoph Schwabe **Mitte des Jahres** **Schmiede-Da-Sein** **1737 - 1977 - 1997** ISBN: 3-933358-61-2
Band 3	Christoph Schwabe **Dorfklatsch** **Geschichten und Bilder aus meinem Dorf** ISBN: 3-933358-62-0
Band 4	Horst Rolle, Christoph Schwabe, Ingeborg Stein **Dorfkirchen im Altenburger Land** **Texte und Bilder** ISBN: 3-933358-63-9
Band 5	Christoph Schwabe / Rahel Klassen **Die Dorfkirchen in Weimar** **Stadt und Land** **Lebensspuren** ISBN: 3-933358-64-7
Band 6	D.(ähne) / Ingeborg Stein **Erinnerungen des Großvaters Richard D.** ISBN: 3-933358-65-5
Band 7	Christoph Schwabe **Fünfzig Pennälergeschichten** ISBN: 3-933358-66-3
Band 9	Konrad Rietschel **Der alte Rietschel erzählt** ISBN: 3-933358-68-X

Die Bücher können außer über den Buchhandel in der
Druckerei Emil Wüst & Söhne Weida,
Burgstraße 10, 07570 Weida, Tel.: 03 66 03 / 55 30 · Fax: 03 66 03 / 55 35
und der Akademie für angewandte Musiktherapie Crossen,
Fachklinik Klosterwald, Bahnhofstraße 33, 07639 Bad Klosterlausnitz,
Tel./Fax: 03 66 01 / 859-77, e-mail: mth.Crossen@gmx.de bestellt werden.